변화 연대 혁신의 아이콘

사회적기업

전진용·손영훈 지음

㈜이화문화출판사

책을 출판하면서…

'사회적기업'은 이제 우리사회를 어떻게 만들어 갈 것인가에 대한 이 시대의 거대한 담론이다. 또 그렇게 되어야 한다. 필자역시 하나의 담론으로서, 그동안 썼던 저널들과 강연 자료를 모아 골격을 잡고 심사위원, 육성위원 등의 활동과 현장 경험을 내용에 녹여 이 책을 집필하게 되었다.

한국은 2007년 사회적기업육성법이 제정되어 본격적으로 사회적기업이 만들어지기 시작하였고, 또 2012년에는 협동조합기본법이 제정되어 법인격으로서 협동조합 설립에 대한 제도적 장치가 마련되었다. 이후 사회적경제가 확산되면서 지난 10년간 짧지만 사회적경제에 대한 역사와 귀중한 경험을 갖게 되었다.

반면, 이 시기는 두 명의 전직 대통령이 구속될 만큼 매우 혼란스럽고 우리사회 구성원들이 이해하기 힘든 수많은 사건들이 연속되었던 시기이기도 하다. 이제 우리에게 남아 있는 것은 이들 전직 대통령의 구속으로 상징되는 '적폐청산'만으로 근본적으로 우리사회가 더 나아질 것인가에 대한 본질적인 질문이다. "이게 국가냐?"라는 물음에서 시작된 촛불혁명과 탄핵으로 정권까지 교체했지만… 아직 자본주의라는 거대한 사회적 결핍이 우리에게 남아 있다.

지금 우리사회는 근본적인 사회시스템의 변화를 요구받고 있다. 우리의 미래를 위한 근본적이고 긍정적인 사회변화가 무엇으로 가능한가? 또 누가 만들어야 하는가? 언제까지 정치인들에게 이것을 맡기고 기대할 것인가? 이에 대한 필자의 답은 '사회적기업'이다! 시민사회경제영역에서의 자발적 움직임으로서 사회적기업은 정치, 경제, 사회, 문화 모든 영역에서 근본적인 시스템변화를 만들어 낼 수 있는 핵심 솔루션이며, 자본주의경제에서 살아가야하는 사회구성원 개개인들의 문제까지 해결할 수 있는 최적의 대안이라는 것이 필자의 생각이다.

자본주의는 '필요'의 경제이다. '필요'의 경제영역에서는 '필요'에 따라 회사를 설립하고, 상품을 만들며 '필요'한 사람들을 고용하여 수익을 창출하고, '필요'에 따라 배당한다. 사실, 자본형 기업들의 핵심활동인 마케팅은 사람의 '필요'를 창출하는 기술이다. 어떤 경우에는 '무익한 필요', '불필요한 필요' 심지어는 '해악이 되는 필요'를 만들어 내기도 한다. 필요의 경제는 사람들을 마케팅으로 현혹하고 자본중심의 사회로 우리를 몰아가며 경쟁시키고 인간성 상실과 소외, 환경 파괴, 자원 고갈, 부의 편중 등 심각한 사회문제들을 야기해 왔다. 더 심각한 것은 자본주의가 만들어낸 사회문제를 자본주의 스스로 해결하지 못하고 있는 현 상황이다. 지금의 정치라는 것도 자본주의가 만들어 놓은 부산물에 지나지 않는다. 그래서 자본주의는 문자 그대로 '필요악'이다.

우리사회는 그동안 너무나 '필요'를 중요시하는 사회로 치달아 왔다. '필요'에 의해 사람들을 만나고 이용하고… '필요'를 채우는 것이 인생의 목표인 사람들로 넘쳐 난다. 교육, 정치, 문화, 경제 등 사회 전반이 온통 '필요'를 기반으로 움직이고 있다. 이러한 사회에서는 사람들이 연결된 공동체와 구성원으로서 사람의 가치가 언제나 외면당하기 마련이다. 바로 이것이 '자본중심', '필요중심'의 우리사회를 좋은 사회라고 할 수 없는 이유이다. 그리고 우리들은 문제의식을 놓은 채 자본주의에 너무 익숙해져 가고 있다. 끓는 물의 개구리처럼…

반면, 사회적경제는 '결핍'의 경제이다. '결핍'의 경제영역에서는 사람들의 '결핍'에 주목하여 회사를 설립하고, '결핍'이 있는 사람들을 고용하며, '결핍'과 상품을 결합한 사회서비스를 제공하고, 수익을 '결핍'을 해결하기 위한 사회적 목적에 재투자한다. 사람과 공동체 그리고 사회의 '결핍'을 알게 하고 사회적 효용을 만들며 사람중심의 사회로 우리를 이끌어 연대와 협동을 통해 다양한 사회문제를 해결한다. 우리가 어떤 경제를 지향해야 하는 지는 너무나 명확하다!

사회적기업의 '존재의 이유'는 '사회적 결핍'을 해결하는 것이다. 사회적기업은 사람들의 '결핍'을 해결하며, 사람들이 인지하지 못하고 있는 보다 중요한 필요, 즉 '결핍'을 채우는 역할을 수행한다. 사람들이 해결하지 못하고 있는 문제들을 해결하는 것이다. 사회적기업을 통해 '필요'가 아닌 '결핍'에 주목하는 경제와 사회를 만드는 것이다! '결핍'은 사회적기업이 추구하는 가치와 지향해야 할 분명한 목표지점이다. 여기에 중요한 단초가 있다.

이제 우리사회에서 사회적기업을 통한 사회변화에 대한 미래의 청사진과 현실적 대안들… 그리고 그 가능성을 사회구성원과 함께 깊이 고민하고 같이 만들어 갈 수 있는 여건이 무르익어 가고 있다. 사회적기업의 역할은 분명하다! 현실적 대안으로서 사회적기업이라는 그릇에 사회구성원 개개인들의 사회변화에 대한 열망을 담아내고 이들의 변화를 이끌어 내는 것이다. 이러한 개개인들의 변화는 근본적인 사회변화를 견인하는 기본 토대가 된다.

결핍의 관점으로 사람을 대하면 개인간, 가정, 공동체에서 관계의 질이 달라진다. 사회적 관계의 질에서 개인뿐만 아니라 사회와 국가의 격(格)을 놀랍게 상승시킨다. 우리도 이제 '국격(國格)'을 생각해야 할 때이다!

새로운 변화를 위해 우리가 희망하고 상상하는 그 지점에 사회적기업이 있다. 사회적기업은 사회적 목적에 결속된 개인의 변화를 통해 조직의 변화 그리고 사회의 변화를 추구한다. 이것은 새로운 변화를 위한 출발점이며, 과정이며, 최종 목적지이다. 사회적기업에서 변화에 대한 새로운 희망을 찾아야 한다.

필자들의 바람은, 이 책을 통해 사회적기업을 준비하거나 창업 또는 육성단계에 있는 사람들 그리고 현재 사회적기업을 운영하고 있는 사회적기업가들에게 지속가능한 경제조직으로서 사회적기업을 어떻게 만들어갈 것인가에 대한 '영감'을 주는 것이다. 그래서 유용한 소셜 미션과 솔루션들이 더 많이 만들어지고 이를 통해 '사회적 시장'과 '사회적소비자'를 더욱 확대하는 것이다. 그리고 궁극적으로 사회적기업에 직접 참여하지 않더라도 사회적소비자로서 사회적경제생태계에 참여하는 사회적구성원 개개인들의 시민의식을 '사회적'으로 확장시켜 광범위한 사회적 연대를 통해 더 나은 사회변화를 만들어내는데 일조하는 것이다.

이렇듯, 사회적기업은 새로운 사회를 열어가는 시대적 사명감을 가져야 하는 존재이다. 더 많은 혁신적이고 위대한 사회적기업가들과 사회적기업들을 통해 사회적경제가 대안경제의 위상을 넘어서서 우리경제의 중요한 한 축으로 자리매김하여야 한다.

더 나은 세상으로 변화를 꿈꾸며…

2018년 5월 저자 전진용·손영훈

목 차

변화 1부. 어떤 사회적 가치를 추구해야 하는가?

1 사회적 목적 : 사회적 결핍에 주목하라 19

2 수혜자(소비자)의 관점에서 생각하라 43

3 사회문제해결방식(솔루션)을 정의하라 65

연대

2부. 사회문제를 어떻게 해결해야 하는가?

4 | 연대와 협동을 위한 조직문화를 구축하라 87

5 | 비즈니스모델을 전략적으로 활용하라 107

6 | 네트워킹을 통해 경쟁력을 강화하라 123

임팩트 4부. 사회적 성과는 어떻게 만들어 지는가?

프롤로그 : 한국 사회적기업 어디에 와 있는가?

지금 한국 '사회적경제'는 중대한 선택의 기로에 놓여 있다. 사회적경제를 소위 제3섹터라고 하는 취약계층을 위한 경제로서 '자본주의경제의 보완재'로 볼 것인가와 또 하나는 사회적경제를 '제4의 물결'이라고 불리는 '융합의 시대'에 걸맞게 인류를 더 나은 세상으로 인도할 새로운 사회혁신방식으로써 '자본주의경제의 대체재'로 볼 것인가에 대한 선택이다. 필자는 후자를 지지한다!

이념의 시대가 이미 오래 전에 종식되었건만 아직 북한과 대치하고 있는 한국적 현실상황에서 자본주의경제에 대한 대체를 말하는 것이 아직 위험한(?) 논의가 될지는 모르지만, 적어도 전 세계적인 흐름은 이를 지지하고 있다. 그 증거는 2008년 리먼사태 이후 미국에서 본격적으로 제기되어 온 새로운 경제체제에 대한 열망이 칼 폴라니의 유령이 주재하였다고 회자되는 2012년 다보스포럼에서 방점을 찍게 되는 것에서 볼 수 있다. 그 때 전 세계 최고 유력 경제인들이 모여서 자본주의경제의 대체 내지는 진화의 적임자로 사회적경제를 일제히 지목하고 나선 것이다. 이 후 지금까지 자본주의경제의 한계와 문제를 극복할 새로운 경제방식으로서 사회적경제가 부각되면서 현실적 대안으로서 사회적기업에 대한 역할도 크게 주목받고 있다.

이에 따라 미국과 유럽의 선진국들에서는 국가적 차원에서 사회적경제의 확산을 목표로 이에 대한 전략을 치밀하게 준비하고 있는 정황들이 다양하게 포착되고 있다. 오래전부터 이들의 경제영역에서 자본형 기업을 능가하는 사회적경제조직으로서 기업형 협동조합, 소셜벤처, 사회적기업 등 세계적 모델들이 제시되고 있고, 현재 이들 사회적경제조직들이 각국 국가경제에서 차지하는 비중은 상상 그 이상이다. 특히, 자본주의의 메카인 미국에서 사회적경제의 확산은 상당한 의미가 있다. 자본주의가 갖고 있는 다양한 문제들의 해결에 있어서 사회적경제의 역할과 가능성이 인정받고 있는 것이다. 미국을 대표하는 기업으로서 우리 귀에도 익숙한 맥도널드, 던킨, 썬키스트, 델몬트 등 세계적 기업들이 이미 사회적경제조직으로 전환되어 있다는 사실이 실제적인 증거이다. 또 빌게이츠, 오미디야르, 쥬크버크 등 세계적인 사업가들이 이미 이전부터 사회적경제부문과의 연대를 강화하기 위해 아쇼카, 슈와브, 카네기재단 등과의 전략적 제휴를 통해 세계적으로 물적, 인적, 사회적 자원들을 블랙홀처럼 빨아들이며 활발한 활동을 전개하고 있다.

한국은 2007년 사회적기업육성법, 2012년 협동조합기본법 등이 제정되어 사회적경제조직으로 사회적기업과 협동조합들이 활동하게 되었다. 지난 10년간 국내 사회적기업 정책의 시행과정에 대해서… 정부주도의 적극적인 육성 정책에 따른 양적인 증가에 대한 긍정인 평가도 있지만, 취약계층에 대한 일자리제공이나 사회서비스제공에 초점이 맞춰진 정책방향이 사회적기업의 다양성을 가로막아 왔고, 사회적기업의 수익성 저하라는 문제를 야기하였으며, 재정지원은 사회적기업의 경쟁력을 오히려 약화시키고 있다는 부정적인 평가도 상당하다. 물론 일정 부분에서 이러한 평가에 반론을 제기하고 싶지만, 현실을 냉철하게 바라볼 때 아직은 사회적경제생태계가 매우 취약하고, 상당수 사회적기업들이 열악한 경영환경을 극복하지 못하고 있는 것은 인정할 수밖에 없을 듯하다.

이러한 상황에서 사회적기업이라는 새로운 실험과 특별한 도전들이 향후 어떻게 정리되고 전개될지 섣불리 예측하기란 어렵다. 아직 축적된 데이터도, 이론도, 경험도 충분하지 않다. 아무것도 정해진 것이 없고 확실한 것이 없다. 더구나 자본주의라는 거대한 산은 지원자나 협력자가 아닌 오히려 큰 걸림돌이 될 수도 있다. 아직 우리사회는 자본주의에 너무 익숙해져 있고 그만큼 종속되어 사회적기업에 눈을 돌릴 만한 여력이 없어 보인다.

이렇듯, 불행하게도 아직 한국 사회적경제의 현실은 세계적 흐름과는 상당히 빗겨나 있다. 물론 필자의 이러한 판단은 그동안의 노력의 가치를 폄하하거나 취약계층에 대한 사회적기업의 역할을 축소하자는 것은 결코 아니며, 다만 이것에만 집착하여 사회적경제의 확산과 새로운 역할에 대한 세계적 흐름을 간과해서는 안 된다는 것을 강조할 뿐이다.

그럼에도 불구하고 사회적경제와 사회적기업은 우리 미래에 대한 중요한 대안이 될 것이고, 이것에 동의하는 사회구성원들이 점점 늘어나고 있는 것만은 분명하다.

사회적경제는 사회적기업의 성장과 확산의 기본 토대이다. 최근 사회적경제가 활성화될 수 있는 분위기가 모처럼 조성되고 있지만, 미래에 대한 현실적 대안제시가 뒤따르지 않으면 사회적경제는 자본주의경제에서 항상 변방의 경제로 취급되어 왔듯이, 또 다시 주류경제에서 외면당할 수 있다. 지금 절대적으로 필요한 것은 현실적 대안으로서 한국 상황에 적합한 가급적 많은 사회적기업의 성공모델들을 만들고 이에 걸맞은 뛰어난 사회적 성과와 경제적 성과를 일궈낼 수 있는 사회적기업가들을 더 많이 육성하는 것이다.

새로운 사회변화를 위해서… 우리사회에서 사회적기업가들은 사회적기업가정신을 갖춘 사회문제해결의 전문가그룹으로 인정되고 또 그렇게 인식되어야 한다. 다양하고 실질적인 솔루션들이 더 만들어져야하고, 더 많은 사회적 성과가 축적되고 공유되어야 한다. 우리 미래에 대한 세계적 흐름의 본질을 직시하고 사회적경제하는 기본 토대를 강화하여 자본주의경제와 상생할 수 있는 선순환적 사회적경제생태계를 스스로 만들어내야 한다.

지금이 그 시기이고, 이것의 중심에 사회적기업이 있다.

변화

출발점 : 사회적 목적

필요 Vs 결핍

'사회적 목적'은 사회적기업의 '존재의 이유'이다. 사회적기업은 해결하지 못하고 있는 보다 가치있는 사회문제로서 '사회적 결핍'에서 사회적 목적을 찾고 이를 추구해야 한다. 사회적기업은 사회적 결핍을 발견해서 이것을 해결할 수 있는 솔루션을 찾고 만들며 여기에서 소셜 아이템을 개발한다. 일반기업과는 달리, 사회적기업은 사회적 결핍을 해결하기 위해 소셜 아이템으로서 제품과 서비스를 만든다. 이것이 일반기업과의 중요한 차이점이다. 사회적 목적은 사회적기업이 추구하고자 하는 가치의 본질로서, 사회적기업의 출발점이며, 또한 최종 목적지이다.

출발점 : 사회적 목적

'사회적 목적'은 사회적기업의 '존재의 이유'이다. 사회적 목적에는 설립동기, 경영이념, 추구하는 가치, 해결하고자 하는 사회문제 등이 함축적으로 담겨져야 한다. 그리고 여기에서부터 사회적기업은 시작되어야 한다. 사회적 목적은 사회적기업의 출발점인 것이다. 사회적 목적은 사회적기업의 경영전반과 결합되어 사회적기업의 성패에 결정적인 영향을 미치는 사회적기업이 추구하고자 하는 가치의 본질이다. 그리고 사회적기업이 만들어가는 사회변화의 밑그림이다. 첫 단추를 잘 꿰어야 하듯, 사회적 목적에 어떤 가치와 내용을 담고 시작하느냐가 중요하다.

그동안 필자는 사회적기업에 대해 '사회적 목적을 추구하기 위한 경제조직'이라는 정의를 주로 사용해 왔다. 사회적기업은 사회적 목적의 실현을 위해 영리활동을 수행한다는 의미이다. 이 정의는 사회적 목적이라는 존재의 이유를 강조하여 지향해야할 목표지점을 분명하게 하고 사회적기업의 정체성을 명확하게 인식시킨다. 한편, 사회적기업은 '사회적 목적과 경제적 목적을 동시에 추구하는 조직'으로 정의되기도 한다. 필자는 이 정의를 거의 사용하지 않는다. 이 정의가 틀렸다고는 할 수 없지만, 사회적 목적과 경제적 목적의 관계가 불분명하여 사회적기업의 개념을 이해하는데 오해를 불러일으킬 소지가 있기 때문이다. 따라서 '사회적기업은 사회적 목적을 추구하기 위한 경제조직'

이라고 하는 것이 훨씬 단순하고 명확한 정의가 된다. 또한 이 정의에서는 '주주의 이익을 추구하기 위한 경제조직'인 대부분의 일반기업과 사회적기업이 분명하게 구분된다.

여기에서 한 가지… 사회적기업에서 '사회적 목적'의 중요성만큼 강조되는 것이 경영활동을 통한 '경제적 목적'이다. 사회적기업도 영리를 추구해야 하는 경제조직이기 때문이다. 다만, 사회적기업에 있어서 경제적 목적은 그 중요성에도 불구하고, 사회적기업의 목표 그 자체가 되어서는 안 되며, 어디까지나 사회적 목적을 지속가능하게 하는 핵심수단이라는 차원에서 그 중요성이 다루어져야 한다. 필자는 이 책에서 사회적 목적에 경제적 목적을 포함시켜 이 두 가지 상반된 목적을 구분하지 않고 통합적 관점에서 이를 다루고 있다.

'사회적 목적'은 상황에 따라 '해결하고자 하는 사회문제', '추구하고자 하는 사회적 가치' 등으로 표현된다. 또 요즘은 영어로 '소셜 미션_social mission'이라는 말로도 자주 쓰인다. (이 책에서도 상황에 따라 이러한 표현들을 같이 사용할 것이다.) 이렇듯, 사회적 목적은 '사회문제해결', '사회적 가치', '미션 등과 밀접한 관련이 있는 개념이다.

사회적기업에서 사회적 목적에 어떤 실천적 가치와 내용들을 담느냐는 매우 중요한 문제이다. 결론적으로, 사회적 목적에는 해결하고자 하는 사회문제가 구체적으로 포함되어야하고 이것을 지속가능하게 해결하기 위한 실천 방법 그리고 이를 통해 변화된 사회의 모습 등이 담겨져야 한다. 그리고 사회적기업가들은 추구하고자 하는 '사회적 목적'을 본인 스스로와 조직구성원들 그리고 다른 사람들에게 명확하게 설명할 수 있어야 한다. 또한 이것을 사회적기업 경영전반에 결합시켜서 실현하고 하나의 일관된 정체성으로 발현되도록 끊임없이 노력하고 이것에 집중해야 한다.

한 가지 유의해야 할 것은, 사회적 목적은 머리로만 만들어지지 않는다는 것이다. 멋진 미사여구로 가치를 포장해서, 소위 '무늬만 그럴듯한' 사회적 목적을 만들어서 통할 것이라고 착각해서는 안 된다. '진정성'에서 금방 발각될 것이며, 얼마안가 '사회적 성과'에서 모든 것이 들통 나게 될 것이기 때문이다. 또 사회적 목적을 준비단계나 설립초기에만 집중적으로 고민해서 만드는 홈페이지 한편의 장식물쯤으로 여겨서는 안 된다. 계속적인 실천과정을 통해 더욱 유용하고 실질적인 사회적 성과를 만들어내면서 지속적으로 진화시켜야 한다.

사회적기기업이라는 경제조직의 기업적 가치는 수익활동의 결과에서보다는 사회적 목적과 관련된 사회적 성과를 통해서 발현되고 또 인정된다. 이것이 일반기업과 사회적기업의 중요한 차이점이다. 사회적 목적은 설립동기에서부터 경영이념, 조직문화 그리고 제품과 서비스를 통한 수익활동에 이르기까지 사회적기업의 경영전반과 밀접한 관계 속에서 상호영향을 주고받으며 사회적기업의 사회적 성과뿐만 아니라 경제적 성과에도 지대한 영향을 미친다. 결국, 사회적 목적에 어떠한 실천적 가치와 내용을 담고 있느냐가 궁극적으로 사회적기업의 성패를 결정하게 되는 것이다. 이렇듯, 사회적 목적은 사회적기업에서 그 무엇보다도 중요한 핵심요소로서 사회적기업의 출발점이며, 또한 최종 목적지이다.

사회적 목적과 관련된 가장 본질적인 질문들로서…
/ 해결하고자 하는 사회문제는 무엇인가?
/ 이것을 통해 얻을 수 있는 가치는 무엇인가?
/ 이것이 사회를 어떻게 긍정적으로 변화시키는가?

문제의식의 확장

사회적 목적은 자신이 해결하고자 하는 사회문제를 찾는 과정에서부터 만들어진다. 복잡하고 다양한 사회현상 속에서 사회구성원 개인들이 갖게 되는 '문제의식'에서 사회적 목적은 시작된다. 사회현상을 그저 그런 당연한 현상으로만 보아서는 안 되고, 우리가 매일 접하고 당연해 보이는 사회현상에서 일종의 '불편함'같은 감각을 느끼고 이를 해결하고자 하는 개선의지, 진정성, 열정 등을 갖는 것이 중요하다. 이러한 '문제의식'은 어떤 개인의 과거와 현재, 일과 환경, 특별한 동기 등에서 기인하기 때문에, 논리적이기보다는 다분히 감성적이고, 객관적이기보다는 상당히 주관적인 특성을 갖는다.

이러한 문제의식으로부터 자연스럽게 '사회적 목적'이 구체화되었다면, "해결하고자 하는 사회문제가 무엇입니까?", "왜 사회적기업을 설립하려고 하나요?"라는 질문들에 답을 하는 것은 그리 어려운 일이 아닐 수도 있다. 여기에는 개개인의 경험과 생각 그리고 이와 연관된 삶이 녹아 있을 것이기 때문이다.

이렇듯 어떤 개인이나 사회적기업 각각의 고유한 동기와 명분으로부터 사회적 목적은 만들어진다. 따라서 사회적 목적 자체를 다른 사회적 목적과 단순 비교하거나 그 가치를 평가하는 것은 곤란하다. 저마다의 고유한 동기와 명분에는 비교할 수 없는 각각의 '진정성'과 '고유한 가치'가 포함되어 있기 때문이다. 예를 들어, 지적장애인 자녀를 둔 부모가 자기 자녀와 같은 지적장애인에게 안정적인 일자리제공을 목적으로 사회적기업 설립을 계획하게 되었다면, 적어도 이 사람에게는 이것보다 더 중요하고 절실한 사회적 목적은 따로 존재하기 힘들다. 또 이것을 다른 사회적기업의 사회적 목적과 비교해서 그 가치를 따지는 것도 안 될 일이다. 그 가치를 따질 수 없는 '진정성'과 '고유한 가치'가 있기 때문이다.

개인이 갖게 되는 사회변화나 사회문제해결에 대한 각각의 '동기', '진정성'과 '고유한 가치'는 매우 중요하다. 하지만 이것이 사회적기업의 설립동기가 되기 위해서는 개인적 차원을 넘어 조직적 그리고 사회 전체적 차원으로 확장될 수 있어야 한다. 문자 그대로 '사회적'이어야 된다.

앞선 사례의 지적장애인 부모의 경우에서도 만약 그것이 단지 자기 자녀의 문제만을 해결하기 위한 것이라면, 개인적 동기는 존중되고 인정받겠지만, 사회적 가치로 사회구성원들에게 크게 인정받지 못할 수도 있다. 사회적 책임을 갖게 될 사회적기업의 설립동기로서는 부적절할 수 있다는 것이다. 개인의 '진정성'과 '고유한 가치'가 사회 전체에 적용되어 불특정한 또 다른 장애인들의 고용모델로 확장될 수 있어야 한다. 사회적 목적은 직접적인 수혜자뿐만 아니라 주요 이해관계자로서 사회구성원들이 느끼는 중요도, 사회적 효용, 실현가능성 등이 고려되어 이들과의 사회적 '관계성' 속에서 인정될 수 있을 때 사회적 가치로 발현될 수 있다.

이제, 문제의식을 사회전체로 확장하는 과정에서 고려해야 할 구체적인 사항들을 살펴보자. 우선, 사회구성원들이 느끼는 '중요도'이다. 사안에 따라 문제해결의 필요성, 희소성. 시의성 등에서 '해결하고자 하는 사회문제'에 대해 사회구성원들이 느끼는 '중요도'가 서로 다를 수 있다. 예를 들어, 우리사회에서 최근 '미세먼지'에 대한 문제는 필요성, 시의성에서 높은 점수를 받을 수 있겠지만, '에이즈 퇴치'와 같은 문제는 중요하지만 당장 피부에 와 닿지 않을 수도 있다. 이처럼 사안에 따라 사회구성원들이 느끼는 중요도가 다를 수 있다. 다음으로, 문제해결 과정에서 수혜자나 사회구성원들이 느끼는 '사회적 효용'도 각각 다를 수 있다. '사회적 효용'이란 사회문제의 해결에 대해 수혜자나 사회구성원들이 갖게 되는 일종의 편익, 만족도, 기대감 등을 의미한다. 각각의 상황, 관련성, 우선순위 등에 따라서 개개인들이 느끼는 사회적 효용이 다를 수 있다. 이 밖에도 실질적인 '실현가능성'과 같은 문제도 중요하게 고려되어야 할 사항이다. 사회적 목적을 실현하는 개인이나 조직의 여건이나 능력 그리고 사회적 제도나 환경 등을 고려하지 않으면 현실적으로 실현 불가능한 사회적 목적이 될 수도 있다. 소위 "뜻은 좋으나…"가 될 수 있는 것이다.

사회문제해결과 관련해서, 어떤 동기에서 출발했느냐 하는 '진정성', 사회적 목적 그 자체의 '중요도' 그리고 문제해결에 따른 '사회적 효용', '실현가능성' 등이 고려되면서, 문제의식은 개인적 차원에서 조직적 차원으로 그리고 사회적 차원으로 확장된다. 사회구성원들이 느끼고 인식하는 '가치의 차이'가 존재하기 때문에 이러한 요소들은 우리사회에서 더 필요한, 더 중요한 사회적 목적을 구분하게 한다. 이것이 사회적 목적이 '사회적'이어야 하는 이유이고, 문제의식이 '사회적'으로 확장되어야 하는 이유이다.

이렇듯 '개인적' 문제의식이 '사회적'으로 확장될 때, 긍정적인 방향으로 사회를 변화시키기 위한 사회적 목적으로서 사회적기업의 가치가 만들어 진다. 그런데 이 과정에서 반드시 사회적 목적에 실천적 가치와 내용이 결합되어야 한다. 문제의식이 확장되어 사회문제해결이라는 실제적인 실천으로 이어질 수 있을 때 사회적 목적은 완성된다. 결국, '문제의식의 확장'이라는 것은 개인의 문제의식에 '사회적', '실천적' 가치가 결합되어 '미션'으로 승화되는 과정이다.

다시 한 번 강조하지만, 사회적 목적은 몇 번의 회의를 통해 머리로만 만들어지지 않는다. 추구하고자 하는 가치를 가슴에 담아 몸으로 실천하는 과정이 필요하다. 문제의식의 확장이 사회적 목적에 실천적 가치를 담아내게 하고, 또한 사회적 목적에 실천적 가치를 담아내는 것이 문제의식을 확장한다. 이러한 선순환과정에서 사회적 목적에 핵심 가치와 내용들이 지속적으로 결합되어, 보다 가치있고 유용한 사회적 목적으로 진화하게 된다. 그리고 이에 대한 실천과정에서 사회적기업의 사회적 성과가 만들어지고 평가되면서 비로소 사회적기업은 그 가치를 인정받게 된다.

결핍에서 찾는 사회적 목적

사회적기업가들은 보다 가치있는 사회적 목적을 추구하고자 한다. 또 자신들의 사회적 가치가 인정받기를 원한다. 앞서, 사회적 목적은 사회문제에 대한 문제의식이 사회적으로 확장되면서 만들어 진다고 하였다. 이때 어떤 문제의식을 가지고 어떻게 사회문제를 바라보느냐가 중요하다. 사회적 목적의 가치는 대부분 여기에서 결정된다. 동기가 중요한 것이다. 이것에서 해결하고자 하는 사회문제가 결정되고 궁극적으로 사회적 성과에도 지대한 영향을 미치게 된다.

/ 보다 가치있는 사회적 목적은 어떻게 만들어 지는가?

그동안 사회적기업의 강의나 저술과 관련해서 필자가 가장 많이 사용해 왔던 용어 중에 하나가 '결핍'이다. '결핍'의 영어단어 'destitution'은 '결핍을 모르고 있는 상태'를 뜻한다. 사실 결핍을 모르고 있는 것이 문제이고, 그 자체가 결핍이다. 필자는 '결핍'을 '우리가 잘 모르고 있지만 꼭 해결해야 할 사회문제'로서 '보다 본질적인 필요'라고 정의한다. 사회적기업에게는 '결핍'이라는 관점이 필요하다! 필자가 이를 강조하는 것은 '결핍'에서부터 시작된 사회문제에 대한 문제의식이 '보다 가치있는 사회적 목적'을 만들고 '실질적인 사회적 성과'를 이끌어 낼수 있다고 믿기 때문이다.

우리사회가 가지고 있는 결핍 즉 '사회적 결핍'이란 '사회구성원들이 인지하지 못하고 있는 중요한 필요'이다. '해결하지 못하고 있는 중요한 사회문제'라고 쉽게 이해하면 된다. 우리사회에는 많은 사회문제들이 존재한다. 이것이 근본적으로 해결되기 위해서는 개인, 정부, 지자체, 기업, 단체 등 우리사회를 구성하는 각 단위에서 문제의 본질로서 '결핍'을 발견할 수 있어야 한다. 사회문제를 단지 사회현상으로만 보아서는 안 된다. 대표적으로, 한국은 OECD국가 중에서 15년째 부동의 자살률 1위이다. 현상은 알고 있을지 모르지만… 무엇이 핵심적인 문제인지, 어디서부터 문제를 해결해야 할지, 사회문제의 본질이나 원인 그리고 해결지점에 대해서는 잘 모르고 있다. 15년째 부동의 자살률 1위… 더 긴 말이 필요 없다!

사회적 목적은 사회현상을 나열하는 것이 아니다. 사회문제의 본질에서부터 원인과 내용 그리고 해결지점까지 실질적인 내용이 담겨져야 한다. '해결하지 못하고 있는 보다 본질적인 사회문제'로서 '사회적 결핍'이 그 내용이 되어야 한다. 사회적기업은 사회적 결핍을 발견해서 이것을 해결할 수 있는 솔루션을 찾고 만들며 이를 위해 소셜 아이템으로서 제품과 서비스를 만든다. 일반기업과는 달리, 사회적기업의 제품과 서비스는 사회적 결핍의 해결에 그 초점이 맞추어져 있다. 이것이 일반기업과의 중요한 차이점이다. 사회적기업가 또 사회적기업을 준비하고자 하는 사람들은 사회가 갖고 있는 '결핍'에 주목해야 한다. 결핍에서 사회적 목적을 찾고 여기에서 사회적기업은 출발되어야 한다.

우리 몸속에 어떤 요소가 '결핍'되면 입술이 트게 되고 심하면 어느덧 병원 신세를 지게 된다. 결핍이 쌓이면 병리현상을 만들어내게 된다. 우리사회에서도 '사회적 결핍'은 다양한 사회문제를 야기하는 핵심 원인이다. 그런데 우리사회는 이들 본질적인 문제의 존재를 잘 알지 못하고 있고 근본적인 해결을 못하고 있다. 또 이것이 언제 사회적 병리현상으로 나타나게 되는지도 잘 모른다. 마치 우리가 피곤해도 갑자기 입술이 트는 시점을 잘 모르고 사는 것처럼…

이렇듯, 사회적 결핍은 결국 어떤 특정 시점에 우리사회에서 부지불식간에 갑자기 사회적 병리현상을 만들어 낸다. '사회적 결핍'을 찾고 해결하는 것! 사회적기업의 역할은 여기에 있다. 건강을 위해서 충분한 수면과 식생활 그리고 적당한 운동이 필요하듯, 사회적 결핍을 해결하기 위한 사회구성원들의 다양한 노력이 있어야 건강한 사회가 될 수 있다. 또한 이미 발생된 사회문제를 효과적으로 해결하는 것에도 그 원인이 되는 사회적 결핍을 심층적으로 파악하는 것이 무엇보다 필요하다. 여기에 실질적인 문제해결을 위한 중요한 단초들이 숨어있기 때문이다. 진단 없이 병을 고칠 수 있는가?

이제, 다음 사례에서 무엇이 핵심문제인지 살펴보면서 '결핍'을 찾아보자. 무엇이 문제의 본질이 되는 지를 고민해 보자. 물론 정답은 없다.

앞서 언급한대로, 한국은 OECD 국가 중에서 자살률 1위이고, 세부통계에서 아동, 성인에 이어 노인 자살률도 1위인 국가이다. 정부는 노인들의 자살원인을 '빈곤문제'로 파악하고 노인들의 일자리를 대폭 늘리기 위해 고용보조금제도를 몇 년째 시행하고 있다. 이 제도를 통해 실제로 노인들의 상당한 일자리를 만들어냈다. 그런데… 한국의 노인자살률은 그대로 1위이다. 본질적으로 문제가 해결되지 않고 있는 것이다. 자살이라는 사회현상을 간단히 규정할 수는 없지만, 최근 노인자살의 주요 원인으로서 '고독사'가 부각되고 있다고 한다. 노인들의 자살문제를 근본적으로 해결하기 위해서 정작 필요한 것은 무엇인가? 일자리인가? 일거리인가? 노인문화센터인가? 아니면 말벗인가?

어떤 지역에서 지역빈곤문제를 해결하기 위해, 이 지역 빈곤층을 위한 장학금 지원 프로그램을 대폭 늘렸는데, 실제 장학금 신청은 크게 늘어나지 않았다고 한다. 여기에는 여러 가지 원인이 있었겠지만, 실상은 하루하루 생계에 이어가는데도 시간이 부족한 이들에게는 장학금 신청을 위해 시간을 할애하는 것이 힘들었고 또 그 절차가 너무 복잡했던 것도 주요 원인이었다. 이들이 빈곤문제를 해결하는데 진정 필요한 것은 무엇인가? 장학금 지원제도인가? 시간을 줄여주는 지원신청서 작성도우미인가? 아니면, 이들의 여가와 가정생활을 보장할 수 있는 보다 양질의 일자리인가?

해결하고자 하는 사회문제에서 무엇이 진정한 '결핍'인지를 발견할 수 있어야 근본적이고 실질적인 문제해결에 도달할 수 있다. '결핍'은 우리를 문제의 본질에 접근시켜 구체적으로 무엇을 실질적으로 해결해야 할지를 알게 한다. 또 문제해결에서의 우선순위와 중요도 그리고 해결방법에 대한 핵심 이슈를 알게 한다. '결핍'에 접근될수록 사회적 목적을 실현하는 과정이 실질적인 문제해결과정으로 바뀌게 된다. 당연히 그 결과도 상당한 달라질 것이다.

'사회적 결핍'에 주목하는 것은 개인적 차원에서의 사회문제에 대한 문제의식을 사회적 차원으로 한층 끌어 올린다. 사회문제에 대한 문제의식을 '사회적', 실천적' 차원으로 확장시킨다는 것이다. 그리고 실질적인 문제해결의 국면으로 사회적기업을 인도한다. 여기에 사회변화에 대한 중요한 단초가 숨어있다. 필자가 사회적기업에서 '사회적 결핍에 주목해야 하는 것'을 강조하는 이유이다!

필요 Vs. 결핍

필자의 세계관은 아주 단순하다. 사람, 사물, 일, 현상들을 '필요'와 '결핍'의 관점에서 양분하여 보는 것이다. 필요에 의해 만나는 사람과 결핍을 채우기 위해 만나는 사람, 필요를 쫓는 사람과 결핍에 주목하는 사람, 필요를 위해 만들어진 물건과 결핍을 채우기 위해 만들어진 물건, 필요한 일과 결핍을 채우는 일, 필요에 의해 나타난 현상과 결핍으로 인해 발생된 현상 등등… 어떤 영역이 정말 더 소중하고, 진정으로 필요한 것이며 우리를 행복하게 할까? 그 선택은 여러분의 몫이다!

자본주의는 '필요'의 경제이다. '필요'의 경제영역에서는 '필요'에 따라 회사를 설립하고, 상품을 만들며 '필요'한 사람들을 고용하여 수익을 창출하고, '필요'에 따라 배당한다. 사람들을 마케팅으로 현혹하고 자본중심의 사회로 우리를 몰아가며 경쟁시키고 인간 상실, 환경 파괴, 자원 고갈, 부의 편중 등 다양한 사회문제를 야기해 왔다. 더 심각한 것은 자본주의가 만들어낸 사회문제를 자본주의 스스로 해결하지 못하고 있는 현실이다. 자본주의는 문자 그대로 '필요악'이다.

반면, 사회적경제는 '결핍'의 경제이다. '결핍'의 경제영역에서는 사람과 사회의 '결핍'에 주목하여 회사를 설립하고, '결핍'이 있는 사람들을 고용하며, '결핍'과 상품을 결합한 사회서비스를 제공하고, 수익을 '결핍'을 해결하기 위한 사회적 목적에 재투자한다. 사람과 사회의 '결핍'을 알게 하고 사회적 효용을 만들며 사람중심의 사회로 우리를 이끌어 연대와 협동을 통해 다양한 사회문제를 해결한다.

양자 간에는 분명한 차이가 존재한다는 것을 알 수 있다. 기업경영의 동기, 과정, 결과에서 '필요'와 '결핍'이라는 기준이 중요한 차이를 만들고 있다. 사실, 일반 기업의 핵심활동인 마케팅은 사람들의 '필요'를 창출하는 기술이다. 어떤 경우에는 '무익한 필요', '불필요한 필요' 심지어는 '해악이 되는 필요'를 만들어 내기도 한다. 반면 사회적기업은 네트워킹을 통해 사람들을 결합시켜 스스로 사람들의 '결핍'을 해결하며, 사람들이 인지하지 못하고 있는 중요한 필요, 즉 '결핍'을 채우는 역할을 수행한다. 사람들의 중요한 문제들을 해결하고 있는 것이다.

아이들은 항상 놀아 달라, 장난감 사 달라 '필요'를 아우성친다. 아이들의 필요만을 잘 채워주는 부모도 있지만, 어떤 부모들은 필요에 어느 정도 응해주지만 단지 아이들의 '필요'만을 채우려 하지 않고 아이들의 '결핍'을 보려고 노력한다. 그래서 그들의 자녀가 외교관이 되기를 원하면 알파벳 장난감을, 음악가가 되기를 원한다면 소리가 나는 장난감을, 미술가가 되기를 원한다면 색감이 있는 장난감을 사준다. 아이들은 이해하지 못하겠지만(아이들이 인지하지 못하는 필요), 아이들의 미래를 위해 '결핍'된 것(보다 중요한 필요)에 주목하고 이를 채워준다. 어떤 부모가 진정 좋은 부모인가?

수년전 어떤 분으로부터 안경을 선물 받은 필자는 그 당시에는 아직 시력에 문제를 못 느끼고 있었기에 안경선물에 의아해 했지만, 그 선물로 인해 안경점에 가게 되었고, 시력검사에서 상당한 시력저하와 난시가 시작되었다는 적잖게 충격적인 검사결과를 알게 되었다. 그동안 이런 저런 수많은 선물을 받았었지만 필자의 '결핍'을 알게 해 준 그 안경은 아마 상당히 오랫동안 기억 속에 남아 있게 될 것이 틀림없다. 선물 하나에도 '결핍'이 결합되면 잊지 못할 특별한 선물로 기억에 남게 된다. 어떤 사람이 소중한 사람으로 기억에 남겠는가?

'결핍'은 사회적기업의 가치와 지향해야 할 분명한 목표지점을 알려준다. '필요'가 아닌 '결핍'에 주목하는 경제와 사회를 만드는 것이다. 우리사회는 그동안 너무나 '필요'를 중요시하는 사회로 치달아왔다. '필요'에 의해 사람들을 만나고 이용하고… '필요'를 채우는 것이 인생의 목표인 사람들로 넘쳐 난다. 교육, 정치, 문화, 경제 등 사회 전반이 온통 '필요'를 기반으로

움직이고 있다. 우리사회를 좋은 사회라고 할 수 없는 이유이
다. 좋은 사회가 되려면 앞의 사례의 좋은 부모, 소중한 사람과
같이 '결핍'에 주목하는 사람들이 각 영역에서 더 많아져야 한
다. 특히, 경제영역에서 '사회적 결핍'에 주목하여 이를 해결하
는 사회적기업과 같은 좋은 기업, 소중한 기업들의 활동이 더
많이 확대되어야 한다. 사회적기업은 이에 대한 시대적 사명감
을 가져야 하는 존재이다.

안철수라는 인물이 있다. 몇 년 전에 그가 갑자기 대권주자의
반열에 올랐던 것은 서울의대 교수, V3로 유명한 안랩의 성공
한 사업가라는 이유도 있었지만, '젊은 세대들의 결핍'에 주목
하여 전국을 돌며 진행한 '청춘콘서트'와 '서울시장 양보'라는
이벤트가 결정적인 계기가 되었다. 불확실한 미래에 대한 갈증
과 암울한 정치상황에 대한 피로에 쌓여 있던 국민들에게 신선
한 충격을 준 것이다. 필자가 여기에서 정치적 이슈를 말하려
는 것이 아니고 정치적 의도 역시 없다. 또 지금은 개인적으로
안철수라는 사람을 지지하지도 않는다. 다만 어떤 한 사람의
결핍과 관련된 행동이 그 개인의 브랜드 파워를 얼마나, 어떻
게까지 크게 만드는지를 말하고 싶은 것이다. '결핍'에 주목하
고 이를 해결하고자한 사람들이 정치인이든 기업가이든 소위
'떴다'는 얘기다. ('결핍'에 주목했던 안철수와 '필요'를 쫓는 지
금의 안철수가 국민들에게 어떤 평가를 받는지… 너무나 극명
하다.)

다시 한 번 강조한다. 보다 가치있는 사회문제를 찾거나 사회문제를 보다 효율적으로 해결하기 원한다면, 그래서 성공적인 사회적기업 경영을 원한다면 '사회적 결핍'에 주목하고 이에 집중하라! 이것이 사회적기업의 진정한 출발점이며, 개인차원에서도 보다 가치있는 인생을 살기 위한 출발점이기도 하다. 이것이. 사회적 목적을 통해 실질적인 사회적 성과를 만들어 내는 결정적인 계기를 제공할 것이다. 사회적기업의 성공의 열쇠가 여기에 있음을 꼭 기억해야 한다.

결핍을 경영하는 경제조직

사회적 결핍이 많은 사회에 살고 있다는 것이 좋을 리는 없겠지만, 이러한 상황이 사회문제해결을 본업으로 하는 사회적기업에게는 기회가 되기도 한다. 해결하여야 할 사회문제가 넘쳐난다는 것은 사회적기업에게는 그 만큼 해야 할 일도 많다는 의미가 된다.

OECD 통계를 보면, 한국은 자살률 이외에도 여러 지표에서 최악의 상황을 면치 못하고 있다. 이러한 지표들은 우리사회가 가지고 있는 다양하고 복잡한 사회문제들의 심각성을 대변하고 있다. 하지만 여러 가지 사회문제가 심각한 사회적 병리현상을 만들어 내고 있어도 정부, 정치인, 경제인 등 주요 기득권 세력들은 문제의 근본적인 해결보다는 그들의 기득권을 지키는데에만 몰두하고 있고, 우리 일반시민 개개인들은 하루하루 자신의 삶의 무게에 눌려 주변을 둘러 볼 여력이 없다. 모두들 손을 놓고 외면하고 있다. 우리 인생에서 급한 일이 많으면 정작 소중한 일들은 항상 뒷전으로 밀리게 마련이다.

대표적인 행동주의 경제학자 센딜 멀레이너선, 엘다 샤퍼 공저 「결핍의 경제학」에서 소개된 '터널링'이란 용어가 있다. 이 말은 '운전을 하다가 어두운 터널에 들어가게 되면 아득히 출구만 보이고 빠르게 지나가는 주변을 정확히 못 보게 되는 것처럼, 우리 눈앞에 닥친 급한 일들로 인해 중요한 것들을 보지 못하고 놓치게 되는 현상'을 말한다. 이는 '결핍'을 발견하기 위해 노력해야 하는 사회적기업들에게 많은 시사점을 준다. 우리는 '사회문제'가 너무 많은 사회에 살고 있지만, 정작 무엇부터, 무엇을, 어떻게 해결해야 할지 잘 모르고 있다. 무엇이 우리사회의 '결핍'인지 잘 알지 못하고 있다는 것이다. 마치 터널 속을 달리는 운전자들처럼….

사회적기업가들은 사회를 바라보는 특별한 안목을 가져야 한다. 사회구성원들의 눈에 보이지 않고 잘 알지 못하는 보다 중요한 문제들을 볼 수 있어야 하고, 찾아낼 수 있어야 한다. 우리사회의 수많은 사회문제들을 단순히 현상으로만 인식해서는 정작 해결해야 할 구체적인 대상들을 찾아 낼 수 없다. 사회문제의 당사자들과 그 주변을 살펴보아야 하고, 보다 근본적으로 문제의 본질에 접근해야 한다. 그리고 해결해야 할 문제가 무엇인지 구체적으로 제시할 수 있어야 한다. 해결하여야 할 사회문제의 본질인 '사회적 결핍'에 보다 집요하게 집중해야 한다. 그리고 이것을 찾아내서 사회적 목적의 대상과 내용으로 만들어야 한다. 이러한 특별한 안목을 가진 사람들이 우리사회 각 분야에서 더 많아져야 한다.

사회적기업의 성공여부도 바로 이러한 '사회적 결핍'에 주목하는 것에서부터 결정된다. 결핍에서 출발해야만 보다 유용하고 가치있는 사회적 목적을 만들 수 있으며 실질적인 문제해결방법을 찾을 수 있다. 또 결핍에서 출발하여 구체화된 사회적 목적이 수혜자와 사회적소비자들의 공감과 지지를 이끌어 내기 훨씬 수월하다. 결핍을 찾고 해결하는 과정에서는 참여자들을 강하고 급속하게 결합시키기 때문에 개인들을 변화시키고 변화된 개인들이 조직과 사회의 변화를 견인한다.

결핍이라는 원재료는 사회적 목적뿐만 아니라, 사회적기업의 지속가능성과 경쟁력의 원천이 된다. '사회적 결핍'은 사회적기업이 해결하고자 하는 사회문제의 본질로서, 사회적 목적, 문제해결방법, 조직 문화, 자원연계, 지속가능성, 사회적 성과 등 사회적기업 경영전반에서 가장 중요하게 작동되는 핵심 키워드이다. 사회적기업은 '사회적 결핍'에 주목하고 이것을 해결해 낼 때 사회적 성과를 만들 수 있고 사회적으로 주목을 받게 되며 이를 바탕으로 기업적 경쟁력을 갖추게 된다. 일반 기업에서 비즈니스 아이템의 차별성과 경쟁력이 사업성과에 중요한 영향을 주는 것처럼, 사회적기업의 비즈니스 아이템은 '결핍'이라는 원재료를 기반으로 만들어질 때 소셜 아이템으로서 경쟁력을 갖게 되며, 사회적 성과와 경제적 성과를 극대화 할 수 있다.

사회적기업은 바로 이 '결핍'을 핵심적으로 다루는 경제조직이다. 결국, 사회적기업의 경영은 '결핍'을 발견하고, '결핍'을 다루고, '결핍'을 경영하는 일련의 과정이다. 사회적기업은 '결핍'을 사회적 목적뿐만 아니라 사회적기업 경영전반에 녹여내고 적용시킬 수 있어야 한다. 이것을 통해 사회적 목적, 즉 해결하고자 하는 사회문제를 구체화 하고, 실질적인 사회적 가치와 성과를 이끌어 내야 한다. 사회적기업은 '사회적 결핍'을 탐색하고, 연구하고, 분석하고 이를 해결하는 '결핍의 전문가'가 되어야 한다. 이것이 일반 기업들과의 구분되고 차별화되는 중요한 지점이며, 필자가 사회적기업을 '결핍을 경영하는 경제조직'이라고 부르는 이유이다.

지향점 : 개인, 조직, 사회의 변화

최근 사회적기업들은 다양한 분야에서 사회문제해결에 대한 전문성을 발휘하며 높은 성과를 창출하면서 우리사회·경제에서의 관심과 비중도 점차적으로 높아지고 있다. 이에 따라 사회적기업이 만들어가는 사회변화에 참여하는 사회구성원들의 범위도 역시 점차적으로 확대되고 있다.

사회적기업이 추구하는 사회변화는 어느 한 개인이나 조직만의 노력만으로는 달성하기 힘들다. 다양한 조직들과의 연대 그리고 사회구성원들의 참여와 변화가 반드시 수반되어야 한다. 따라서 사회적기업은 이들의 요구에 적절히 부응하면서, 사회적기업이라는 그릇에 이들의 변화에 대한 열망을 담아 낼 수 있어야 한다. 그래야 사회적기업이 지향하는 개인, 조직, 사회의 변화라는 목표지점에 도달할 수 있다.

사회적기업의 출발점은 사회적 목적이라면, 지향점은 사회적 목적의 실현을 통한 사회의 변화이다. 사회적기업의 역할은 진정성과 열정을 가지고 사회적 목적을 추구하고 사회문제를 효율적이고 효과적으로 해결해내는 과정에서 사회변화를 주도하는 것이다. 그리고 진정한 사회변화를 위해 광범위한 사회구성원들의 참여를 이끌어내야 하는 것이다.

우리 사회에는 개인, 정부, 지자체, 기업, 기관, 단체 등 다양한 구성주체들이 존재한다. 사회변화라는 최종목표를 달성하려는 사회적기업에게 이들과의 협력은 필수적이다. 그런데 각 주체들에 따라 사회변화에 대한 동기, 목적, 방법 등이 서로 다르다. 어떤 주체들은 사회변화 자체를 원하지 않는 경우도 있고 또 어떤 경우에는 오히려 심각한 걸림돌이 되기도 한다. 고착화된 거대한 카르텔처럼 각 영역의 주체들을 변화시킨다는 것은 매우 힘든 일이다. 이들은 좀처럼 변하지 않는다.

사회적기업도 사회를 구성하는 하나의 주체로서 사회적 목적을 실현하는 방식을 통해 사회의 변화를 주도한다. 사회적기업의 사회변화에 대한 전략과 핵심방법은 철저한 '각개전투'이다. 이것이 거대한 댐과 같은 고착화된 카르텔에서 균열을 만들고 변화의 물꼬를 틀 수 있다. 사회적기업은 사회구성원들을 소비자로 만난다. 여기에 기회가 있다. 사회구성원으로서 소비자 개개인들을 사회적소비자로 만드는 것이다. 사회적기업은 추구하고자 하는 사회적 목적을 통해 다양한 주체들의 변화에 대한 열망을 이끌어내고 이를 모아낼 수 있어야 한다. 사회적 목적에 결속된 개인의 변화를 통해 조직의 변화 그리고 사회의 변화를 추구하는 것이다.

변화된 개인이 조직을 변화시키고, 변화된 조직들이 연대하여 사회를 변화시키는 각 단계에서 사회적 목적은 사람들을 결속시켜서 연대하도록 만드는 핵심 매개체이자 공동의 이정표로서 그 역할을 한다. 사회적기업의 존재 이유는 사회적 목적 실현을 통해 사회와 구성원의 삶을 좋은 방향으로 변화시키는 것이다.

추구하고자 하는 사회적 가치의 본질인 '사회적 결핍'에 주목하는 경영으로의 전환! 이것이 사회의 변화를 추구하기 위한 진정한 출발점이다! 사회적기업은 '결핍'을 핵심적으로 다루고 경영하는 경제조직인 것이다. 결핍을 경영하는 사회적기업은 변화의 중심에서 변화를 주도해야 하는 시대적 사명감을 가져야 한다.

수혜자(소비자)의 관점에서 생각하라

공감과 동의: 디토우
→ 실질적인 사회서비스

| 사회현상 | 사회적 결핍
(핵심 문제) | 수혜대상자 |

| | | 사회적 효용 |

지속적인 공감과 동의 : 신뢰받는 기업
누구에게 신뢰받을 것인가?

사회적기업은 수혜자중심의 관점을 가져야 한다. 이것은 '필요'의 관점에서 '결핍'의 관점으로의 전환을 의미한다. 수혜자의 '결핍'을 사회문제해결의 본질로 인식하는 것이다. 수혜자의 결핍을 볼 수 있어야 사회문제의 본질에 더욱 근접할 수 있고 문제해결과정을 효율화할 수 있으며 실질적인 사회적 효용을 사회적 성과로 만들어 낼 수 있다.

좋은 관점의 의미

관점은 '세상의 사물과 현상을 바라보고 생각하는 방식'으로서 '세상을 읽어내는 힘'이다. 이러한 관점은 사람들의 생각, 행동, 태도에 중대한 영향을 미치기 때문에, 어떤 관점을 가지고 일을 대했느냐에 따라 그 일에 대한 결과가 다르게 나타날 수 있다. 똑같은 문제에 대해서, 문제의 본질을 파악하고 문제해결방법까지 찾아내는 사람도 있지만, 문제가 뭔지조차도 파악하지 못하는 사람도 있다. 여러 가지 원인이 있겠지만, '관점'의 차이가 이러한 결과를 만들어 내기도 한다. 이것은 기업과 같은 조직에 있어서도 마찬가지이다. 구성원들이 어떤 관점을 가지고 일을 대하느냐에 따라 조직의 성과도 크게 달라질 수 있다.

/ 어떤 관점에서 갖는 것이 조직의 성과를 더 높이는가?
/ 또 어떻게 해야 그러한 관점을 가질 수 있는가?

'좋은 관점'이라는 말은 다양하게 해석될 수 있겠지만, 필자가 강조하는 것은 '하나의 관점'에 고정되지 않은 유연하고 다양한 관점이다. 특히 상대방 입장에서의 관점을 갖는 것도 매우 중요하다. 이러한 관점을 가진 사람들은 더 많은 것을 볼 수 있고, 더 많은 것을 들을 수 있으며, 더 많은 것을 알 수 있다. 또 그러한 기회를 더 많이 만들어 낼 수 있다. 결국, 좋은 관점은 우리를 문제의 본질에 접근시켜서 해결해야 할 문제를 명확하게 알게 하고 '세상을 더 넓게 볼 수 있는 힘', '세상을 읽어내는 힘', '문제를 해결하는 힘'을 더욱 강력하게 한다.

좋은 관점을 갖는 것은 복잡하고 변화가 심한 우리사회에서 다양한 문제해결을 위해 꼭 필요한 능력으로서, 사회적기업이 필요로 하는 핵심역량이기도 하다. 어떤 관점을 가졌느냐에 따라 사회문제의 본질을 보는 힘, 핵심을 파악해서 솔루션을 찾는 능력, 문제에 대한 실질적인 해결능력 등의 수준이 달라진다. 여기에 그 중요성이 있다. 제1장에서 누누이 강조했던 사회적 목적으로서 사회적 결핍을 찾아내는 능력도 좋은 관점에서 나온다. 사회구성원들이 보지 못하고 있는 사회적 결핍을 볼 수 있는 능력으로서의 관점이 필요하다는 것이다. 당연히 이것은 사회적기업의 핵심경쟁력이 된다.

사회적기업과 관련해서 좋은 관점으로서 유연하고 다양한 관점이 강조되는 것은, 보다 가치있고 중요한 사회문제일수록 복잡하고 다양한 특성을 가지기 때문이다. 하나의 고정된 관점으로 접근해서는 해결하기 어렵다. 유연하고 다양한 관점을 필요로 하며 또 그러한 관점을 가진 다양한 주체들이 결합되어야 효과적으로 문제해결에 도달할 수 있게 된다. 특히 상대방 입장 즉 수혜자입장에서의 관점은 실질적인 문제해결에 이르게 하는 매우 중요한 요소이다. 사회적기업이 해결하고자 하는 사회문제들의 해결지점은 바로 수혜자이기 때문이다.

관점의 변화가 만드는 사회 변화

이 책에서는 이러한 다양하고 유연한 그리고 문제해결에 필요한 좋은 관점을 갖기 위한 유용한 방법들을 소개하고 있다. 여기에서 한 가지 미리 강조하고자 하는 것은 '관점의 변화'이다. 관점을 변화한다는 것은 세상에서 일어나는 일을 어떻게 인식하느냐, 또 어떻게 해석하느냐를 달리 한다는 것을 의미한다. 당연히 일에 대한 결과도 달라진다.

'관점의 변화'는 자기 자신을 보는 방식의 변화, 즉 자신의 정체성을 한층 업그레이드 시키는 과정에서 시작된다. 이것이 개인의 생각을 변화시키고 행동의 변화를 유발한다. 그리고 이러한 변화된 개인이 조직을 변화시키고 실질적인 사회변화를 견인하게 된다.

좋아하는 것과 사랑하는 것에는 어떤 차이가 있을까? 여자와 남자가 서로 연인이 되기까지 좋아하는 단계에서 사랑하는 단계를 거친다고 한다. 서로 비슷한 것 같지만, 좋아하는 단계에서는 비록 상대를 위한다고 해도 시간, 장소, 음식, 선물 등을 고를 때 '나'의 관점에서 대부분을 결정하고 선택한다. 관계의 중심에 '내'가 있다. 그러나 사랑하는 단계가 되면 모든 것이 달라진다. 관계의 중심이 '내'가 아닌 '상대'로 이동하게 된다. 대부분을 '상대'의 입장에서 결정하고 선택하게 된다. 모든 상황에서 '상대'의 입장에서 원하는 것을 선택하게 되는 것이다. 결국 '나'에서 '상대' 중심으로 입장과 관점이 변화되지 않았다면 아직 사랑은 시작되지 않았을지도 모른다!

요즘 한창 유행하고 있는 '스마트워크'라는 말도 관점변화의 산물이다. 회사에 출근해서 일하는 개념을 언제, 어디서든, 실시간으로 일하는 개념으로 바꾸어 놓았다. 최근 핫이슈인 핵발전소에 대한 문제도 '효율'이라는 관점에서 보면 더 지어야겠지만, '국민의 안전'이라는 관점에서는 오히려 폐기해야 될 대상이 된다. 이처럼 관점에 따라 정책의 방향과 실행이 완전히 달라질 수 있다. 또 고객의 클레임이라는 것도 일의 관점에서는 귀찮고 번거로운 것이 될 수 있지만, 문제해결이라는 관점에서는 신제품을 개발하게 된 계기가 되기도 한다. 이렇듯 관점의 변화는 중요한 차이를 만들어내고 있다. 이것이 관점의 변화가 갖는 중요성이다.

사회적기업에 있어서 결론은 분명하다. 사회문제해결의 직접 대상자인 수혜자의 입장으로 관점을 변화시키는 것이다! 수혜자란 해결하려는 사회문제의 직접 대상자로서, 어떤 경우에는 고용의 당사자이며, 또 어떤 경우에는 사회서비스의 대상자들이다. 또 해결하고자 하는 문제의 범위가 매우 광범위하다면 사회구성원 전체가 수혜자가 되기도 한다. 다양한 특성과 입장을 달리하는 수혜자의 관점을 갖지 못한다면, 실질적인 문제해결은 거의 불가능한 일이 된다. 사회적 목적을 중심에 두고 수혜자의 입장에서 사회문제를 바라보라는 것은 이와 관련된 사회문제를 해결하기 위한 가장 기본적인 전제조건이 된다.

사회적기업에서 수혜자중심의 관점변화는 앞서 1장에서 설명한 '필요'의 관점에서 '결핍'의 관점으로의 전환을 의미한다. '필요'의 관점이 공급자(기업)중심의 관점이라면, '결핍'의 관점은 수혜자(소비자)중심의 관점이다. 수혜자의 '결핍'을 문제해결의 본질로 인식하는 것이다. 수혜자의 결핍을 볼 수 있어야 사회문제의 본질에 더욱 근접할 수 있고 문제해결과정을 효율화할 수 있으며 실질적인 사회적 효용을 만들어 낼 수 있다. 이것이 사회적 성과를 만드는 지름길이기도 하다. 수혜자의 입장에서 사회문제를 바라보면 피상적으로 생각하였던 사회문제에서 왜 이 문제가 중요한지, 누가 핵심대상자인지. 무엇이 '사회적 결핍'인지, 어디에서부터 문제를 해결해야 될지, 어떻게 문제를 해결할지, 언제부터 변화를 시작해야 될지 알게 된다. 사회적기업이 세상을 변화시키는 힘의 원천은 바로 여기에서 나온다.

우리사회에서 '결핍'의 관점은 중요한 의미를 갖는다. 결핍의 관점으로 사람을 대하면 개인간, 가정, 공동체에서의 관계의 질이 달라진다. 높은 밀도의 관계를 형성시키는 것이다. 이러한 사회구성원들의 관계의 질이 개인뿐만 아니라 그 사회의 수준을 결정하고 나아가 한 나라의 국격(國格)을 결정하게 된다. 이러한 변화가 지속적으로 확대될 때 궁극적으로 우리사회가 더 나은 사회로 진보하게 되는 것이다.

또한 수혜자의 결핍을 인식할 수 있는 관점으로의 변화는 사회문제해결이라는 최종목표를 효과적이고 올바르게 설정할 수 있게 한다. 최종목적지를 명확하게 알게 하는 것이다. 뿐만 아니라 좀 더 실질적으로 조직의 비전, 중장기 계획과 전략에 포함해야 주요 내용을 알게 하고, 이에 대한 문제해결과정에서의 필요한 요소들을 찾게 한다. 사회적 목적 전반에 대한 우리의 시야를 넓혀 주는 것이다. 이것이 최종적인 사회적 성과에 상당한 영향을 미치게 될 것은 당연하다.

한편, 어느 한 개인의 관점변화도 중요하지만, 이것이 조직 전체의 관점변화로 확장성을 가질 때 더 큰 시너지를 낼 수 있다. 이를 위해 조직 전체에서 사회적 결핍의 본질, 문제해결에 더 접근할 수 있는 방법들 그리고 더 큰 사회적 효용을 찾고, 만드는 과정에 보다 적극적으로 조직구성원들을 참여시켜야 된다. 보다 다양한 기회를 만들고, 각자의 조직에 적합한 유용한 방법들을 찾아야 한다. 그리고 이를 바탕으로 습관처럼 진행해 왔던 기존의 소통, 회의. 교육, 네트워킹 등 일상의 방식들에서부터 변화를 시작하는 것이다. 이러한 변화의 시작에서 조직의 변화와 성장도 시작된다. 기존에 우리가 알고 있는 브레인스토밍, 아이스브레이킹, 역발상… 모두 고정관념을 버리게 하고 유연하고 다양한 관점을 갖게 하는 유용한 방법들이다. 조직 전체의 관점변화는 단시간에 이루어지지 않기 때문에 지속적이고 부단한 노력이 필요하다.

결핍에 주목해야하는 존재로서 궁극적인 사회적기업의 역할은 사회적기업의 참여자뿐만 아니라 사회구성원 개개인들을 결핍에 주목하도록 변화시키는 것이다. 이것이 근본적인 사회변화의 기본 토대가 된다. 사회적기업에서 구성원 개인의 관점변화가 조직의 관점변화와 사회구성원 전체의 관점변화로 이어질 때, 사회적 효용은 훨씬 더 광범위하게 확대되며, 이러한 사회적 효용의 확대가 긍정적인 사회변화를 만들게 된다. 변화의 구심점으로서 사회적기업은 사회구성원 개개인들의 근본적인 관점변화를 만들어 내고 이를 통한 실질적인 사회변화를 핵심 목표로 하는 것이다.

공감과 동의 : 디토_ditto

패트릭 스웨이지, 데미 무어 주연의 '사랑과 영혼'은 불의 사고로 죽게 된 남자 주인공이 고스트(귀신)가 되어 여자 주인공 곁을 떠돌며 죽어서도 사랑을 이룬다는 줄거리의 영화이다. 압권은 'Unchained Melody'라는 OST와 함께, 여자 주인공이 도자기를 빚는 상황에서, 죽어서 귀신이 된 남자 주인공이 여자 주인공에게 나타나 사랑을 고백하는 장면이다. 귀신이 하는 소리를 듣지는 못하겠지만, 여자 주인공은 남자주인공의 말을 마음으로 알아듣고 이에 공감한다는 명장면이다. 이 장면에서 여자 주인공이 남자 주인공의 고백에 반응하며 쓴 단어가 '디토'인데, 이는 완전한 공감과 동의 상태를 의미한다.

수혜자측면에서 '입장을 바꾸어 생각해 보는 것' 즉, '관점변화'
의 목표는 바로 이러한 완전한 공감과 동의라는 '디토'를 이끌
어 내는 것이다. 사회적기업은 추구하는 사회적 목적에 '공감'
하는 사회적소비자들을 만들고 이들이 기꺼이 '동의'해서 지불
하는 상품에 대한 판매수익으로 사회문제를 지속적으로 해결하
는 경제조직이다. 이 과정을 자세히 보면 사회적 목적에 대한
'공감'과 비용지불에 대한 '동의'라는 두 가지 요소를 발견하게
된다. 이렇게 공감과 동의로 소비자와 강하게 연결된 상태가
'디토_ditto'인 것이다.

일반기업보다 사회적기업은 소비자와의 관계가 훨씬 다양하고
밀접하다. 사회적기업의 소비자에는 단순 구매자뿐만 아니라,
고용의 직접 대상이 되는 내부참여자들, 사회서비스의 수혜자
들 그리고 그들이 추구하는 사회적 목적을 지지하는 다양한 이
해관계자들이 포함된다. 사회문제해결이 사회전체에 영향을 미
치게 된다면 사회구성원 전체가 사회적소비자로 확장될 수 있
다. 이러한 소비자들의 구성을 보면 왜 수혜자 관점이 중요한
지 더 분명해 진다.

수혜자에 대한 관점은 사회적 목적을 보다 실질적으로 실현하
게 한다. 어떤 경우에는 사회적 목적에 대한 실현이 수혜자입
장에서 반드시 실질적이지 않을 수도 있다. 이 경우 사회적 효
용은 크게 나타나지 않는다. 사회적 효용이 실질적이려면 수혜
자입장에서 '향상', '개선', '자활' 등 이들의 긍정적인 '변화'를

유발하여 삶의 질 향상, 생활환경 개선, 경제적·사회적 자립 등 세부목표가 달성되어야 한다. 그리고 수혜자입장에서 이를 지속적으로 점검해 보아야 한다. 또 문제해결방법이 적절한지, 올바른지, 더 유용한 방법은 없는지 등에 대한 판단도 지속적으로 필요하다. 사회적 효용이 실질적일 때 사회적 효용은 확장성을 갖는다.

기업들은 홍보마케팅에 상당한 비용을 들여 시장조사 또는 소비자 만족도 조사 등의 결과를 반영함으로써 소비자와 관계를 밀접하게 만들고자 노력을 한다. 사회적기업에서도 이러한 접근들이 필요하다. 그런데 사회적기업이 소비자들에게 강력한 공감과 동의를 얻어내기 위해서는 우선적으로 수혜자의 공감과 동의가 전제되어야 한다. 소비자들에게 공감과 동의를 얻어내는 과정에서 사회적 목적 실현의 결과로서 사회적 가치에 대한 소비자들의 평가와 인식이 실질적인 사회적 효용을 만드는 보다 강력한 '디토'에 이르게 한다.

수혜자입장에서의 질문들…

사회적 목적을 실천하는 과정에서 구체적으로 고려해야 할 점은 개별 사회적기업마다 편차가 존재하겠지만, 전제가 되는 것은 수혜자에게 그 초점이 맞추는 것이 무엇보다 필요하다. 수혜자와의 디토를 목표로 사회문제해결에 접근하기 위해 먼저 몇 가지 중요한 질문을 스스로에게 해 보아야 한다.

"해결하려는 사회문제가 수혜자입장에서도 중요한가?"

종종 사회적기업가들이 자신들의 사회적 목적이나 문제의식을 맹목적으로 확신하는 경우를 보게 된다. 사회적 목적이라는 것이 처음에는 지극히 개인적인 차원에서 시작되기 때문이다. 따라서 본인 스스로 확신이 들더라도 다른 사람도 그렇게 생각하는지 확인해 보아야 한다. 함께 일하는 사람이나 고객이 될 사람, 특히 수혜자가 될 사람 등 여러 사람들의 이야기를 듣고 이들을 설득해보고 문제해결의 중요성을 확인하는 절차가 반드시 필요하다. 다양한 이해관계자들을 충분히 설득할 수 있을 정도로 필요하고 중요한 문제인지를 따져보아야 한다는 것이다. 당연히 이들이 당신의 문제의식에 설득된다면 실제로도 중요한 사회문제일 가능성이 높다.

"문제해결방식이 실질적으로 문제를 해결하는가?"

해결하려는 사회문제가 수혜자입장에서 중요한 문제라고 결론이 내려졌다면, 문제해결의 방법이 적절한지를 따져보아야 한다. 이것 역시 수혜자입장에서 살펴보는 것이 중요하다. 수혜자입장에서 '향상', '개선', '자활' 등 이들의 긍정적인 '변화'를 유발하여 삶의 질 향상, 생활환경 개선, 경제적·사회적 자립 등 세부목표가 달성될 수 있는지를 살펴보아야 한다. 그리고 다음으로, 그 문제의 해결을 위한 다른 대안들이 존재하는지 파악해보고 비교해 보는 것도 중요하다. 모든 사회문제에는 절대적인 최상의 문제해결방법은 존재하지 않는다. 직접적인 대상이 되는 수혜자들의 문제를 실질적으로 해결하는 최적의 문제해결방법이 존재할 뿐이다. 이것을 수혜자입장에서 함께 만들어가는 것이다.

"누가 해결하는 것이 수혜자에게 더 효과적인가?
동일한 사회문제에 대해 이를 해결하기를 원하는 여럿의 주체들이 동시에 존재할 수 있다. 사회적기업뿐만 아니라 유사한 목적의 정책을 시행하려는 정부나 사회공헌을 하려는 대기업 등도 있다는 것이다. 물론, 이들의 협력을 이끌어내어 협업을 통해 함께 문제를 해결할 수도 있겠지만, 어떤 경우에는 같은 일로 경쟁을 해야만 하는 상황이 되기도 한다. 이때에도 "이 일은 내가 최고다."라든지 "내가 가장 진정성이 있어!"라는 편견과 고집을 내려놓고, 철저히 수혜자입장이 되어 누가 가장 잘할 수 있는지 또 누가하는 것이 수혜자들에게 가장 좋은지 등을 판단하고 결정해야 한다.

이러한 다양한 부분들을 수혜자입장에서 충분히 고려한 후에야, 실제로 각자의 사회적 목적이 추진할 만한 것인지를 냉철하게 판단할 수 있다. 그리고 사회적 목적을 좀 더 구체적이고 명료하게 정리할 수 있다. 이러한 확신을 가지게 되었다면, 비로소 한걸음 더 나아가 수혜자들이 실제 제공될 제품과 서비스와 관련된 문제들을 살펴보는 단계로 진입할 수 있다. 사회적 목적에 적합한 비즈니스모델과 사회적 성과를 극대화하기 위한 사회문제해결에 대한 구체적인 실행 전략과 방법을 만드는 것이다.

여기에서 생각해 보아야 될 문제는 수혜자에게 어떤 가치를 제공할 것인가? 또 어떻게 더 많은 가치를 제공할 것인가? 등이다. 우선, 이러한 실행계획에는 제품이나 서비스의 비용, 품질, 서비스방법 등에 대한 현실적이고 구체적인 내용이 포함되어야 한다. 그 다음으로, 여기에 머물지 말고 수혜자들이 평상시 고민하는 핵심적인 문제들까지 추가적으로 폭넓게 수용되어야 한다. 판매되는 제품이나 서비스가 수혜자들의 문제를 어떻게 해결하고 있는지를 세심하게 살펴보아야 한다는 것이다. 사회적기업은 단순한 제품이나 서비스 제공을 뛰어넘어 문제해결방식 즉 솔루션을 제공하는 주체가 되어야 한다. 이것은 이 책의 2부에서 집중적으로 다루게 될 것이다.

수혜자들의 신뢰

사회적기업은 소비자로서 수혜자들을 시혜를 베푸는 대상이 아닌, '핵심 고객'으로 인식해야 한다. 그리고 고객으로서 수혜자들이 느끼는 장벽을 제거하고 일관된 모습으로 신뢰를 주어야 한다. 여기에서 키워드는 '신뢰'이다. 제품과 서비스를 통해 고객만족과 효용을 전달하고 이것을 유지하고 점차 상승시켜 고객으로서 수혜자들의 편익을 최우선으로 하는 기업이라는 일관된 이미지를 만들어야 한다.

/ 어떻게 수혜자들로부터 신뢰를 받을 것인가?

우선, 수혜자들이 느끼는 장벽을 제거해서 쉽게 다가갈 수 있는 기업이 되어야 한다. 일반적으로 고객이 기업에 접근하기 어려워지면 질수록 비용을 증가시킨다. 이것은 결국 고객의 부담으로 전가되며 결과적으로 기업의 경쟁력 상실로 이어지게 된다. 마찬가지로, 사회적기업도 수혜자들이 쉽게 다가갈 수 있는 기업이 되어야 한다. 수혜자 편익중심으로 서비스의 내용과 방법이 바뀌어야 한다는 것이다. 중요한 것은 수혜자의 마음의 문을 여는 것이다. 이를 위해서 수혜자들과의 다양한 접점을 늘리는 것을 항상 고민하고, 회사의 모든 조직구성을 수혜자 편익중심으로 재구성해서 수혜자들을 위해 서비스제공 방법을 효율화해야 한다. 또 수혜자입장에서의 필요와 결핍을 사전에 충분히 파악해야 한다. 수혜자들은 상당히 소극적이고 폐쇄적인 경우가 많기 때문에 사전에 이들의 문제를 파악해서 요청이 오기 전에 선제적으로 대응하는 것이 중요하다. 수혜자들에게 감동을 주고 마음의 문을 여는 다양한 방법들을 끊임없이 고민해야 하는 것이다.

수혜자들이 신뢰할 수 있는 기업이 되기 위해서는 이들에게 일관된 모습을 보이는 것이 중요하다. 제품과 서비스의 품질과 가격 그리고 서비스 방법을 수혜자 중심으로 제공하고 이를 일관되게 유지하면서 점차 만족도를 높이는 것이다. 수혜자들이 느끼는 만족이 유지되고 누적되어야 비로소 신뢰로 나타나게 된다. 그런데 사회적기업이 이러한 일관성을 유지하는 것은 일반기업보다 더 어려운 일이다. 동일한 제품과 서비스에 대해 느끼는 수혜자들의 만족도가 서로 다르기 때문이다. 이것을 제품과 서비스에 대한 '효용'이라고 하며, 사회적기업은 여기에 사회문제해결이라는 사회적 가치를 더해 '사회적 효용'을 만들고 이를 제공하여야 한다. 이는 7장에서 자세히 다루게 될 것이다.

일반적으로 만족도는 지불하는 비용과 높은 상관관계가 있다. 그래서 일반기업의 소비자들은 같은 조건이라면 동일한 비용을 지불하는 동일한 상품에 대해서 느끼는 만족도가 서로 비슷하다. 그러나 사회적기업의 소비자로서 수혜자들은 같은 조건에서도 동일한 상품에 대해서 느끼는 만족도가 수혜자들에 따라 서로 상당히 다를 수 있다. 특히, 사회적기업의 제품과 서비스가 문제해결의 핵심 솔루션일 경우에는 더욱 그렇다. 수혜자들에 따라서 제품과 서비스 자체보다 이와 연계된 문제해결의 과정과 결과가 매우 다른 양상을 띠게 되기 때문이다. 예를 들어, 취업을 위한 직업교육을 사회서비스로 제공하였다고 가정해 보자. 수혜자들은 교육서비스의 내용이나 질 보다는 자격증 취득이나 좋은 일자리와의 연계에 관심을 가질 것이고 여기에 더 큰 효용을 기대한다. 똑같은 교육서비스에서 문제해결이라는 과정과 결과에서 기대하는 효용이 각자의 입장에서 다르기 때문에 서로 다른 만족도를 나타낼 수 있다. 효용을 달리하는 이해관계자 많다는 것은 일관성 유지에 큰 장애가 되기도 하지만, 다양하고 폭넓은 신뢰를 얻을 수 있는 기회도 된다는 점에서 이를 극복해야 하는 것이 사회적기업의 몫으로 남는다.

일관성 유지를 위한 유용한 방법으로 '설문조사'를 활용하는 것이 좋다. 이를 통해 지속적으로 정보를 축적하고 피드백 하여 수혜자들의 만족도나 효용을 지속적으로 측정하고 점검하는 것이다. 조사결과를 축적하면 수혜자들에 대한 일관된 정보를 얻을 수 있다. 설문문항은 짧고 간단하더라도 형식적이지 않도록 유의해야 한다. 예를 들어 "~~에 만족합니까?"라는 질문보다는 "~~을 변화시켰나요?"라는 문항이 좋다. 설문을 통해 수혜자의 '결핍'을 발견할 수 있다면 최고의 목적이 달성된 것이다. 또 설문 결과를 서비스에 반영하고 이를 수혜자들에게 공유하는 것이 중요하다. 이를 통해 수혜자들의 요구가 제품과 서비스의 품질과 가격 그리고 서비스 방법 등의 결정에 실제적으로 반영되고 있다는 믿음을 주는 것이다. 설문조사는 단순히 1회성으로 끝나서는 안 되고, 정기적이고 반복적으로 수행하면서 수혜자들로부터 공감과 신뢰를 얻는 수단으로 활용되어야 한다. 이렇듯, 설문조사는 일관성 유지에 도움이 될 뿐만 아니라, 문제해결의 결과를 예측가능하게 하며, 수혜자들의 다양한 사안들에 일관되게 대응하게 함으로써 결과적으로 이들에게 큰 신뢰를 얻는 중요한 수단이 된다.

마지막으로, 수혜자들이 사회문제해결에 직접 참여하는 기회를 제공하는 것도 신뢰를 만드는 중요한 요소이다. 앞선 예에서 직업교육의 참가자들을 강사로 육성하여 교육대상자에서 교육자가 될 수 있는 기회를 부여하는 것도 한 가지 방법이다. 또한 경우에 따라서는 이들을 직접 고용할 수도 있다. 이것은 일석다조(一石多鳥)의 효과가 있다. 기본적으로 일자리제공과 사회서비스제공의 효과가 있고, 수혜자들에게 동기부여의 효과가 있겠으며, 교육기관 입장에서는 유능한 강사를 자원으로 확보하게 되고, 무엇보다도 큰 신뢰를 얻을 수 있는 귀중한 기회를 제공한다.

이렇듯 사회적기업은 수혜자들이 느끼는 장벽을 제거하고 일관된 모습으로 신뢰를 얻을 수 있는 기업이 되어야 한다. 향후 자세히 다루게 되겠지만… 사회적기업의 소비자에는 수혜자만 있는 것이 아니다. 일반적인 구매자, 공무원, 대기업 CSR담당자 그리고 후원이나 기부자와 같은 사회적소비자들도 있다. 이러한 다양한 소비자들을 공략해 나가기 위한 가장 중요한 첫걸음은 수혜자들로부터 신뢰를 얻는 것이다. 수혜자들로부터 신뢰와 인정을 얻는 것이 밑바탕 되어야 사회적 효용을 높일 수 있으며, 더 큰 사회적 성과를 기대할 수 있게 된다는 것을 잊지 말아야 한다.

사회적 목적의 구체화

사회적 목적을 구체화한다는 것은 해결하고자 하는 사회문제를 명확히 하고 수혜자입장에서의 해결방법들을 고민하는 과정이다. 보다 가치있는 사회적 목적은 처음부터 만들어 지는 것이 아니라는 것을 이미 언급했었다. 다만, 그것을 지향하고 만들어 갈 수 있도록 초기에 기틀을 잘 잡는 것은 중요하다. 사회적 목적이 수혜자입장에서 구체적이어야 수혜자들의 문제가 실질적으로 해결될 수 있다.

해결하고자 하는 사회문제에 대한 방향이 정해졌다면 사회적 목적을 구체화하기 전에 몇 가지 질문을 먼저 해보겠다. 지금 당장 답을 못하더라도 언제가는 이 질문들에 답을 할 수 있어야 실질적인 사회적 목적을 만들 수 있다.

/ 이 문제와 관련해서 사회적 결핍이 느껴지는가?
/ 이 문제가 수혜자들에게 꼭 필요한 일인가?
/ 이 문제를 해결하는 것이 정말 하고 싶은가?

사회적 목적을 구체화하는 첫 단계는, '해결하고자 하는 사회문제'를 수혜자입장에서 명확히 하는 것이다. 사회문제를 명확히 하는 것은 해결하고자 하는 사회문제를 둘러 싼 사회현상을 폭넓고 정리하고 깊이 이해하는 것에서부터 시작된다. 그리고 이를 통해 자신이 해결하고자 하는 사회문제를 다시 정의해 보는 것이다. 우선, 사회현상을 정리하기 위해서는 이에 대한 조사와 탐색이 필요하다. 유관기관 방문, 통계자료 수집, 관련서적 탐독, 인터넷 검색, 언론보도자료 검색, 유투브, 페이스북 등 다양한 방법이 있을 것이다. 특히 인터넷 검색 시에는 키워드를 잘 선정하고 연관검색어도 꼼꼼히 살펴보아야 한다. 또 필요한 경우 대상자들을 직접 만나서 인터뷰 등을 진행할 수도 있다. 사회현상에 대한 보다 구체적인 정의, 원인, 추세, 문제해결의 필요성 등이 정리되었다면 이것을 바탕으로 자신이 해결하고자 하는 사회문제를 다시 정의해 보는 것이다. 이 과정에서 해결하고자 하는 사회문제가 보다 구체적으로 정의될 수 있다. 또 어떤 경우에는 큰 방향은 유지 되더라도 해결하고자 하는 사회문제가 대폭 변경되기도 한다. 처음 생각이 상당히 수정될 수 있다는 것이다. 해결하고자 하는 사회문제가 명확해 질 때까지 이 단계를 반복해야 한다.

다음 단계는, 해결하고자 하는 사회문제에 대한 해결방법 즉 솔루션을 찾는 과정이다. 앞 단계에서 해결하고자 하는 사회문제가 명확해 졌다면, 이를 세분화하여 해결하고자 하는 사회문제의 구제적인 항목을 만들고 이에 대한 문제해결방법을 탐색하고 조사하는 것이다. 실제 관련 사회문제를 해결하고 있는 사회적기업을 직접 방문해 볼 수도 있다. 각자가 찾는 솔루션을 통해 자신이 해결하고자 하는 사회문제에 대한 실질적 가치, 문제해결의 실현가능성, 실현 시 기대되는 사회적 성과 등을 점검하고 확인하는 것이 핵심 목표이다. 이 과정에서도 사회적 목적에 대한 방향과 내용이 보완되고 대폭 수정되기도 한다. 심지어 실현가능성이나 사회적 성과를 기대하기 힘들다면, 아예 사회적 목적이 폐기되기도 한다.

마지막으로, 문제해결의 대상자 즉, 수혜자들을 직접 만나는 단계이다. 실제 유용한 데이터는 이때부터 만들어 진다. 대상자를 많이 만나는 것도 중요하지만 얼마나 깊이 있는 만남을 가졌는

가도 중요하기 때문에 이를 병행해야 한다. 대상자를 직접 만나기 위해서 대상자를 물색하고 사전에 인터뷰할 목록이나 조사항목을 작성한다. 유관기관, 관련 커뮤니티 등과의 협조를 받는 것이 긴요하며 좋은 방법이다. 이에 대한 결과를 다시 앞 단계에 대입해 보고, 사회적 목적과 문제해결방법에 반영하여, 보완하고 수정하는 것을 반복한다. 이 과정에서 해결하고자 하는 사회문제로서 사회적 결핍들을 집중적으로 발견하게 될 것이며, 사회문제를 해결하기 위한 구체적인 목표와 방법들은 여기에서 결정된다. 이 단계가 충실하게 진행되었다면, 단순한 조사나 인터뷰 수준을 넘어서, 실제적인 고용이나 사회서비스를 시작하기 위한 준비단계로 진입할 수도 있다.

사회적 목적을 구체화하는 과정에서 각 단계를 진행하면서 얻은 결과물들은 그때그때 정리하고 수시로 조직구성원들과 주변에 공유하고 피드백하여 이를 다시 결과물에 반영한다. 이들에게 이해와 동의가 되는지 살펴보고, 조언과 충고도 받는 것이 중요하다. 그리고 이러한 모든 단계가 진행된 이후에도, 지금까지의 과정을 중단하는 것이 아니고 처음부터 다시 반복하면서 수시로 점검해야 한다. 사회적 목적을 구체화하는 것에는 다양한 이해관계자들의 참여 속에서 이러한 과정들의 지속적이고 반복적인 수행이 필요하다. 손쉽게 해결할 수 있는 사회문제는 그리 많지 않다. 보다 가치있는 사회문제 일수록 더욱 그렇다. 보다 다양하고 많은 사람들의 참여와 협력이 필요하다는 것이다.

만약, 당신이 페이스북을 활용하고 있는 사람이라면 처음부터 전 과정을 페이스북에 공유하는 것도 더 빨리, 더 유용한 사회적 목적을 만드는데 큰 도움이 될 것이다.

최종결과물은 ① 해결하고자 하는 사회문제와 문제해결의 필요성(사회현상을 통해 설명) ② 문제해결방법 및 기존 해결방법과의 차별성 ③ 기대되는 효과 등 크게 3가지 항목으로 정리하는 것이 좋다. 이것은 향후 각종 지원신청서, 제안서, 회사소개서 등에 다양하게 활용되기 때문에 세심한 신경을 써서 작성해야 하며, 이것을 정리하는데 상당한 시간을 투자하여 지속적으로 업그레이드해야 한다.

지금까지의 내용에서 '결핍', '수혜자의 관점', '디토' 등 일반적으로 잘 사용하지 않는 생소한 단어들을 언급하고 있다. 공감과 동의라는 과정을 통해 사회적소비자를 만들고 이를 통해 시장을 확대해가야 하는 사회적기업들에게 좀 더 특별한 영감을 주기 위해서 꼭 필요한 용어들이기 때문이다. 결국, 사회적기업이 보다 가치있는 사회적 목적을 추구하고 성공적으로 기업을 운영하기 위해서는 '결핍'이라는 경쟁력 있는 원재료를 가지고 수혜자들의 문제를 실질적으로 해결함으로써 소비자인 사회구성원의 공감과 동의를 얻어낼 수 있을 때 가능한 것이다.

3 사회문제해결방식(솔루션)을 정의하라

사회적기업의 문제해결방식
→ 사회서비스의 본질은 솔루션

공공
서비스

사회서비스

민간
서비스

사회서비스를 통한 사회적 효용의 확대

사회적기업은 조직형태, 제품과 서비스, 기업 활동, 조직구성 등 경영 전반이 사회적 목적 실현에 집중되어 있는 '사회문제해결방식(솔루션)의 집합체'이다. 일반기업의 제품과 서비스가 사람들의 '필요'에 초점이 맞추어져 있는 것과는 달리, 사회적기업의 제품과 서비스는 사회문제를 해결하기 위한 솔루션으로서 사람들의 '결핍'에 초점이 맞추어져 있다.

문제해결방식_solution의 의미

사회적 결핍은 자원과 환경의 문제, 사회변화로 인한 문제 그리고 산업구조에 관한 문제 등 다양한 원인들로부터 발생된다. 사회적기업들의 문제해결을 위한 접근방법과 이에 따른 영향요인들도 매우 다양하기 때문에 각각 고유한 형태의 다양한 문제해결방식(이하 이를 '솔루션'이라 명명할 것이다.)이 존재하게 된다. 그래서 솔루션은 어떤 문제를 어떻게 해결할 것이며 이것 어떤 변화를 만들어 내는가에 대한 구체적인 모습으로 표현된다.

사회적기업에서 문제해결방식인 솔루션이란 '사회문제에 대한 구체적으로 실체화된 해결방식'으로 정의된다. 좁은 의미에서의 솔루션은 제품과 서비스를 지칭하는데, 이것은 주로 비즈니스모델을 중심으로 솔루션을 정의하는 방식이다. 비즈니스모델로서 제품과 서비스를 솔루션이라고 하기 위해서는, 제품과 서비스가 어떻게 사회문제해결에 작용하고 또 연결되는지 구체적으로 설명될 수 있어야 한다. 솔루션의 작용과 연결이 설명되는 과정에서 자연스럽게 솔루션의 개념이 넓은 의미로 확장된다.

넓은 의미에서의 솔루션은 제품과 서비스뿐만 아니라 사회적목적의 실현방식으로서 사회문제해결에 직·간접적으로 관련이 있는 주요 프로세스, 조직형태(구조) 등을 모두 포함한다. 이것은 사회적기업 그 자체를 하나의 '솔루션'으로 보는 것이다. 사회적기업은 조직형태, 제품과 서비스, 기업 활동, 조직구성 등 경영전반이 사회적 목적 실현에 집중되어 있는 '사회문제해결 방식의 집합체'이다. 사회적기업은 솔루션의 집합체로서 다양한 사회서비스를 통해 솔루션을 구현하여 사회문제를 해결해 간다.

사회적기업의 가치는 각자의 해결하고자 하는 사회문제, 이에 대한 해결방법 그리고 이를 통해 변화된 사회의 모습 등을 통해 구체적으로 설명될 수 있어야 한다. 그런데 여기에서 언급되고 있는 가치, 사회변화 등은 다분히 이상적이고 추상적일 수밖에 없다. 당장 가슴에 와 닿지 않는다. 이것을 눈에 보이게 하고 현실적으로 구체화시키는 것이 솔루션이다. 솔루션은 사회적 목적을 실제 실현가능하게 한다. 각자의 사회적 목적을 명확하게 이해하고 정의할 수 있을 때 유용한 솔루션이 만들어지고 이를 통해 실질적인 사회문제해결이 가능하게 된다.

결국, 사회적기업은 솔루션을 구체화 할 수 있어야만 자신이 추구하는 사회적 목적을 명확하게 할 수 있고 이를 통해 사회적, 경제적 목적을 실현할 수 있다. 솔루션은 수혜자들을 만나게 하는 진정한 접점이며, 내부 참여자와 솔루션 공급자를 결합시키고, 새로운 소비자와 시장을 확대시키는 사회적기업 경영을 위한 가장 핵심적인 전제가 된다. 진정성과 열정도 매우 중요한 요소지만, 이것만으로 사회적, 경제적 성과가 만들어지지는 않는다. 실질적인 문제해결을 위한 유용한 솔루션을 확보하고 이를 끊임없는 업그레이드하는 과정에서 의미있는 사회적 성과에 도달할 수 있고 성공적인 사회적기업으로 나아갈 수 있는 것이다.

한편, 사회적기업들은 연대와 협동을 통해 공동으로 사회적 목적을 실현하기도 한다. 공동의 사회적 목적을 만들기 위해 결합되기도 하고, 어떤 사회적기업의 사회적 목적 실현에 협력하기 위해 솔루션을 결합시키기도 한다. 이렇게 만들어진 솔루션을 '융합솔루션'이라고 한다. 융합솔루션에는 동일한 솔루션들이 결합되기도 하고 또 서로 다른 이질적인 솔루션들이 결합되기도 한다. 이러한 '융합솔루션'은 개별솔루션이 해결하기 힘든 사회문제를 해결하고, 보다 광범위한 사회문제를 해결하는데 더욱 효과적이다. 그리고 사회문제해결을 지속가능하게 한다.

보다 가치있고 중요한 사회문제일수록 어느 개인이나 조직이 단독으로 해결하기 힘들다는 것을 기억해야 한다. 사회전반 곳곳에서 광범위한 연대와 협동이 일어나고 다양한 솔루션들의 융합이 빈번하게 발생하여 사회적 결핍들이 해결되기 시작할 때 사회는 변화하고 진보한다. 이것이 '융합솔루션'이 갖는 가치이며, 사회적경제를 '연대와 협동'의 경제라고 부르는 이유이다.

조직형태

사회적기업은 고용노동부가 일정한 심사를 거쳐 '인증'하고 있으며, 한국사회적기업진흥원에서 인증업무를 담당하고 있다. 또한 광역자치단체(일부 기초지자체) 및 정부부처에서도 역시 일정한 심사를 거쳐 예비사회적기업을 '지정'하고 있다. 예비사회적기업을 지정하는 기타부처로는 농림축산식품부, 보건복지부, 여성가족부, 통일부, 환경부, 문화재청, 산림청 등이다. 한국에는 2007년 사회적기업육성법이 제정된 이후 현재까지, 일정한 요건을 갖추어 지정받거나 인증된 약 3000개의 (예비)사회적기업들이 활동하고 있다.

조직형태는 솔루션을 담는 그릇과 같은 것이다. 주로 기업의 법적인 형태로서 법인격이라고도 한다. 물론 자영업과같은 비법인격 조직도 존재할 수 있으나 여기에서는 논외로 하겠다. 한국에서 사회적기업으로 지정이나 인증받기 위해서는 먼저 모(母)조직을 설립하여 일정한 법인격을 갖추어야 하기 때문이다. 대표적으로 주식회사와 같은 상법상 회사, 협동조합, 사회적협동조합, 민법상 법인으로서 사단법인, 재단법인 등이 이에 해당된다. 이러한 모조직들을 살펴보면, 영리조직인 상법상 회사, 협동조합과 비영리조직인 사회적협동조합, 민법상 법인으로 크게 양분된다. 이에 따라 모조직이 영리조직인 영리방식으로 운영되는 사회적기업과 모조직이 비영리조직인 비영리방식으로

운영되는 사회적기업이 존재하게 된다.

사실 영리조직이든 비영리조직이든 일단 사회적기업으로 활동하게 되면 상당히 유사한 특성을 띠게 된다. 영리조직에는 사회적 목적과 같은 비영리적인 속성들이 결합하게 되고, 반대로 비영리조직에는 비즈니스모델과 같은 영리적 속성들이 결합하여 그 간극이 좁아지게 되기 때문이다.

그럼에도 영리조직이냐 비영리조직이냐의 선택은 사회적 목적의 실현과 관련해서 매우 중요한 문제이다. 본질적인 속성 때문이다. 예를 들어 비영리조직은 결과(성과)보다는 의도와 동기를 중요시하는 경향이 있고, 반면 영리조직은 의도와 동기보다는 결과(성과)를 중요시하는 속성을 가지고 있다. 이것이 제품과 서비스, 프로세스, 조직구조 등을 설계할 때 중요한 영향을 미치기 때문에 어떤 조직특성이 더 적합한지 선택의 갈림길에 서게 된다. 이러한 요소들은 어느 조직이나 모두 중요하지만, 주로 영리조직은 제품과 서비스를 통한 성과에 집중하며, 비영리조직은 프로세스나 조직문화와 같은 조직구조에 무게중심을 두는 것이 일반적이다. 그리고 공공부문과 관련된 사업에는 비영리조직이 유리하다. 아무래도 정부나 지자체는 용역사업, 민간위탁사업, 수의계약 등에서 영리조직보다는 비영리조직을 선호한다. 한편, 출자배당의 가능여부도 영리와 비영리조직에 대한 선택의 기준이 된다. 비영리조직은 출자배당 자체가 불가능하기 때문이다.

영리 또는 비영리 방식에 대한 선택이 되었다면, 각 방식의 세부 조직형태를 결정하게 된다. 영리방식으로서, 민주적의사결정이나 동업방식을 선호한다면 5명 이상의 발기인(조합원)을 구성하여 협동조합을 설립하는 것이 좋고, 빠른 의사결정이나 금융(투자)유치 등이 필요하다면 주주를 구성하여 주식회사를 설립하는 것이 더 좋을 것이다. 한편, 비영리조직에는 전통적인 사단법인이나 재단법인 그리고 사회적협동조합 등이 있는데, 각각의 특성은 있겠으나, 사회적기업에 대한 접근에 있어서는 큰 차이가 없는 것으로 판단되기 때문에 여기서 자세히 다루지는 않겠다. 다만, 사회적협동조합은 사회적기업 인증을 받지 않더라도 사회적기업과 같이 공공구매에서 우선구매 및 사업개발비 지원(2018년 시행) 대상조직이라는 것은 참고하기 바란다.

법인형태의 선택과 결정은 사회적 목적 실현과 관련해서 어떤 조직형태가 더 적합한지에 대한 문제로 요약된다. 이것은 사회적 목적 실현과정의 효율성뿐만 아니라 조직의 인적 구성, 비즈니스모델의 특성 등 다양한 측면에서 다각적으로 깊이 고민해야 될 문제이다. 또한 이것은 법인설립 준비단계에는 물론이고 이미 설립된 법인에서도 현 상황에 대한 재검토를 통해 '법인전환' 등을 고려해 보아야 할 만큼 중요한 문제이기도 하다. 이러한 선택과 결정을 늦추거나 잘못하게 되면 마치 몸에 맞지 않은 옷을 입고 활동하는 것과 같이 경영활동과정에서 상당한 제약과 부자연스러운 상황들과 계속 부딪히게 된다.

사회적 목적의 실현방식

사회문제에 대한 해결방식으로서 사회적 목적의 실현방식을 결정하는 것은 사회적 목적을 구체화하는 첫 단계이다. 한국에서 사회적기업이 되고자 한다면, 사회적 목적을 구체화하여 정관에 기재하고 등기하는 것이 필수적이다. 그리고 이에 따른 사회적 목적의 실현방식으로서 일자리제공형, 사회서비스제공형, 혼합형(일자리+사회서비스), 지역사회공헌형, 기타형 등 한국에서 시행되고 있는 5가지 사회적기업 유형 중에서 반드시 어느 한 가지를 선택하여야 한다. 자세한 세부 인증요건은 한국사회적기업진흥원 홈페이지(www.socialenter prise.or.kr)에서 확인할 수 있다.

미국의 사회적기업 루비콘의 설립자 릭 오브리는 "우리는 빵을 만들기 위해 고용하지 않고, 고용하기 위해 빵을 만든다."라는 유명한 말을 남겼다. 사회적기업의 초기 개념을 대중이 쉽게 이해하는데 상당히 유용한 설명으로서, 이 말에는 사회적 목적과 솔루션이 함축적으로 표현되어 있다. 루비콘의 '빵'은 취약계층에 대한 일자리 제공을 통한 경제적 자립이라는 '사회적 목적'의 실현방식으로서 핵심 '솔루션'이다.

그렇다면 '빵'으로 해결할 수 있는 또 다른 사회문제에는 어떤 것이 있을까? '빵'이 어떻게 솔루션으로 다양하게 활용될 수 있는지를 아래의 예시에서 살펴보고, 각자의 아이템을 대입해 보고 또 변형해 보면, 어떤 문제를, 어떻게 해결할 수 있을지에 대한 다양한 아이디어를 얻을 수 있다. 아래의 예시는 한국에서 시행되고 있는 5가지 사회적기업의 유형을 루비콘의 '빵'으로 설명한 것이다. 이를 통해 각자의 사회적 목적과 솔루션을 다시 한 번 점검해 보기를 바란다.

① 일자리제공형 : 취약계층에게 일자리를 주기 위해 만드는 빵
② 사회서비스제공형 : 취약계층에 대한 교육 등에 활용되는 빵
③ 혼합형 : 위의 두 가지 목적을 동시에 충족시키기 위한 빵
④ 지역사회공헌형 : 지역의 사회문제를 해결하기 위한 빵
⑤ 기타형 : 불특정 다수 국민의 건강을 증진키는 빵

※ 이외에도 '가난한 사람들에게 제공되는 빵'도 있겠는데, 이는 사회서비스제 공형 또는 지역사회공헌형(나형) 등에 해당된다. 단, 이것이 단순 기부라면 인증심사에서 사회적 목적으로 미흡한 것으로 판단될 수 있다.

위의 설명글에서 '취약계층에게 일자리를 주기 위해 만드는 빵', '취약계층에 대한 직업교육 소재로 활용되는 빵'… 이것을 '솔루션'이라고 한다. 위의 유형들을 자세히 살펴보면, 솔루션은 비즈니스모델과 밀접한 관련이 있는 것을 알 수 있다. 즉, 사회문제해결을 위해 어떤 비즈니스모델을 선택하였느냐가 매우 중요한 문제가 된다는 것이다. 어떤 비즈니스모델을 선택하였느냐에 따라 솔루션이 달라질 수 있다. 이렇듯 '빵'과 관련된 비즈니스모델들을 솔루션으로 하여 다양한 방식으로 사회적 결핍을 해결할 수 있다.

그 밖의 사회적 목적 실현방식의 예를 몇 가지 더 든다면… 노동자들이 기업의 주인이 되어 만드는 빵(협동조합형), 판매수익을 기부하여 사회문제를 해결하는 빵(수익기부형), 빵의 원재료 구매, 제조방식, 유통 등의 문제해결(산업구조형) 등이 있다. 이 유형들은 이 자체로는 한국에서 사회적 목적의 실형방식으로 인정받지 못할 수도 있기 때문에, 인증을 위해서 앞서 5가지 유형과의 결합이 필요할 수도 있다.

'사회적 목적의 실현방식'은 사회문제에 대한 직접적인 해결방식으로서, 협의의 솔루션에 해당된다. 사회적기업은 자신의 핵심 솔루션을 통해 어떤 사회적 결핍을 해결하고 있는지는 명확하게 설명할 수 있어야 한다. 이를 위해서 해결하고자 하는 사회적 결핍이 무엇인지 또 사회적 결핍을 해결하기 위한 자신의 핵심 솔루션이 무엇인자를 선택하고 이를 명확하게 정의하는 것이 전제가 된다.

한국에서 사회적기업 정책의 도입배경에는 취약계층에 대한 일자리와 사회서비스제공의 확대라는 중요한 이유가 있었다. 여기에서 취약계층이란 대표적으로 장애인, 고령자, 저소득층이며 그밖에 장기실업자, 경력단절여성, 북한이탈주민, 성매매피해자, 가정폭력피해자, 한부모가정, 이주여성, 알콜중독자 및 도박중독자, 노숙인, 희귀난치병치료자 등이 이에 해당된다. 일반적으로 이들은 '근로취약계층', '저소득취약계층' 등 취약성에서 복합적인 양상을 띤다.

일자리제공방식

'일자리제공형' 사회적기업은 취약계층의 고용을 사회적 목적으로 한다. 일자리에 진입이 어렵거나 일자리에 진입하더라도 스스로 고용유지가 힘든 '근로취약계층'에게 일자리를 제공한다. 취약계층들에게 안정적인 일자리를 지속적으로 제공하는 것은 그리 간단한 문제가 아니다. 취약계층에 대한 일자리제공은 현실적으로 기업경쟁력 저하, 인건비 부담 등 경영여건을 악화시키는 요인으로 작용한다. 그러나 이들 취약계층을 고용해야 하는 것이 사회적기업에게 숙명이라면, 경영상의 어려움을 딛고 이를 극복하는 일 역시 숙명적인 과제이다.

사회적기업의 일자리제공과 관련하여 '괜찮은 일자리'라는 개념이 있다. 4대 보험 가입, 최저임금 지급, 무기계약의 근로계약서 체결 등을 골자로 하며, 이를 준수해야 한다. 내용을 보면, 사실 우리사회에서 일반적인 눈높이에서도 이것이 '괜찮은 일자리'인지는 의문이다. 사회적기업은 취약계층의 고용이라는 어려운 현실을 감안하더라도 여기에 안주해서는 안 되고, 그동안 비영리조직이나 자본형 기업 그리고 정부의 공공근로 등의 고용방식을 뛰어넘는 그 이상의 가치와 의미를 만들어내야 한다. 사람과 노동에 대한 새로운 가치를 창출하고, 사람을 사회변화의 핵심 동력으로 활용하며, 사람을 기업의 핵심 자원으로 만드는 것이다.

'세진플러스'는 지적장애인들에게 일자리를 제공하는 서울에 소재한 사회적기업이다. 의류제조에 참여하는 지적장애인에 대한 직무교육 솔루션으로서 4-4를 개발하여 이들의 직무효율성을 혁신적으로 향상시켰다. 특히, 지적장애인들은 정리, 선별 등 반복적인 업무에서 일반인 이상의 성과를 내는 것으로 알려져 있다. 4-4프로그램은 4시간 직무와 4시간 직무동기부여활동으로 구성되며, 사회적기업 '극단 날으는자동차'와의 협업으로 직무동기부여활동으로서 뮤지컬에 도전하여 매년 정기공연을 통해 감동을 주고 있다. 지적장애인들만의 뮤지컬! 상상이 되는가?

영국의 '빅이슈'는 노숙인에게 노숙잡지판매대와 잡지를 제공하여 이들을 자활시키고 있다. 이 잡지는 유명연예인들의 화보와 짧은 기사로 제작되는데, 유명연예인들의 자선적 참여와 이에 대한 소비자들의 호응으로 상당한 판매부수를 기록하고 있다. 이 과정에서 노숙인들은 잡지판매라는 핵심적인 역할을 수행하며, 자연스럽게 경제력과 사회성을 회복하게 된다. 한편, 영국의 공원들은 대부분 자동점멸등 대신 수동점멸등을 사용한다. 새벽잠이 없는 고령자들에게 가로등을 수동으로 켜고 끄게 하는 일자리를 제공하기 위함이다. 이를 통해 범죄율을 격감시키고 전기사용량을 10% 이상 절감하고 있으며 고령자들에게 적합한 일자리를 제공하여 이들의 빈곤문제까지 해결하고 있다.

위의 사회적기업들은 취약계층을 고용하여 뛰어난 사회적 성과

를 만들어 내고 있다. 이 과정을 자세히 살펴보면 취약계층의
취약성이 오히려 자원화 되고 있다. 여기에 반전이 있다! 취약
계층들의 결핍이 이를 해결하는 과정에서 오히려 기업의 경쟁
력이 된 것이다. 주목해야 할 것은, 이들 사회적기업들에게는
이를 가능하게 한 '솔루션'이 있었다는 것이다. '적합 직무 발
굴'을 통해 직무동기를 부여하는 솔루션으로서 위의 사례에서
'노숙잡지판매대'와 '4-4솔루션'이 그것이다. '적합 직무'는 취
약계층들을 핵심경영활동에 참여시키고, 동기부여를 통해 직무
에 몰입시켜 기업의 핵심자원으로 만드는 중요한 역할은 한다.
여기에서 '적합 직무'는 단순히 취약계층에게 알맞은 직무, 그
이상의 의미가 있다. 취약계층의 취약성을 극복시키고, 삶의 질
향상, 생활 개선, 경제적·사회적 자립을 위한 핵심 솔루션인 것
이다.

지금까지 사회적 목적으로서 일자리제공에 대해 살펴보았다.
여기에서 '해결하고자 하는 사회문제'를 다시 한 번 생각해보
자! 일자리제공을 통해 무엇이 '해결하고자 하는 사회문제'로
정의되어야 하는지….

/ 취약계층의 어떤 취약성이 극복되고 있는가?
/ 취약계층들이 조직에서 자원화 되고 있는가?
/ 삶의 질 향상, 경제적 자립 등 구체적인 목표는 무엇인가?
/ 비즈니스모델이 이러한 목표들과 부합되고 있는가?

사회서비스제공방식

'사회서비스제공형' 사회적기업은 취약계층들에게 사회서비스제공을 사회적 목적으로 한다. 일반적으로 빈곤으로 인하여 정상적으로 제품이나 서비스를 구입하는 것이 힘든 주로 '저소득취약계층'들에게 시장가격보다 현저하게 낮은 가격으로 상품을 공급한다.

사회적기업육성법에서는 사회서비스를 "교육, 보건, 사회복지, 환경 및 문화 분야의 서비스, 그 밖에 이에 준하는 서비스로 대통령령이 정하는 분야의 서비스"로 정의하고 있다. 또한 사회적기업육성법 시행령에서는 '그 밖에 이에 준하는 서비스로서 대통령령이 정하는 분야의 서비스'로서 보육서비스, 예술·관광 및 운동서비스, 산림 보전 및 관리 서비스, 간병 및 가사지원 서비스 그 밖에 노동부장관이 사회적기업 육성위원회의 심의를 거쳐 인정하는 서비스 등으로 규정하고 있다.

일반적인 의미에서 사회서비스는 개인 또는 사회전체의 복지증진 및 삶의 질 향상을 위해 사회적으로 제공되는 서비스를 말하며 공공행정(일반행정, 환경, 안전), 사회복지(보육, 아동, 장애인, 노인 보호), 보건의료(간병, 간호), 교육(방과 후 활동, 특수 교육), 문화(도서관, 박물관, 미술관 등 문화시설 운영) 등을 포괄하는 개념이다.

대표적으로 문화 분야에서의 사회서비스를 살펴보자. 문화는 그 자체가 사회문제를 해결하는 훌륭한 솔루션이다. 양질의 문화관련 서비스를 할 수 있는 사회적기업을 활성화하는 것만으로도 다양한 사회문제를 상당부분 해결할 수 있다. 문제는 문화도 경제력, 지역, 선호도에 따라 편중되는 소외현상을 띤다는 것과 상위 몇몇을 제외한 대부분의 문화주체들의 지속가능성이 취약하다는 것이다. 따라서 이 두 가지 문제가 동시에 고려된, 문화소외를 해결하는 것에 다양한 문화주체들의 참여가 가능한 지속가능한 사업모델 개발과 지원이 중요하다 할 수 있다.

또한 문화 분야에서의 사회서비스는 사회변화에 따른 다양한 사회적 결핍을 해결하는데 유용하다. 사회변화과정에서의 사회적 결핍은 항상 사회적기업의 중요한 사회적 목적이 되어왔는데, 특히 사회변화에 따른 사회문제는 광범위하고 복잡하게 나타나기 때문에 어느 개인이나 기업이 단독으로 해결하기 어렵다는 중요한 특징이 있다. 또 지속성이 필요하기 때문에 이를 해결하는데 상당한 시간을 필요로 한다.

우리사회에서 대표적인 것이 고령화에 따른 사회문제이다. 서울 종로의 사회적기업 '추억을파는극장'은 연간 25만명에 이르는 어르신들이 방문하고 있는 어르신전용극장으로서 55세 이상에게 영화관람료를 10년 가까이 2,000원에 제공하고 있다. 고령자들을 위해 특별 제작된 큰 글자 자막이 이채롭다. 이 극장은 고령자들의 문화소외와 상실을 문제의 본질로 보고 이를 동시에 해결하고 있다. 특히, 주목해야 할 것은 추억을파는극장은 극장주변에서 어르신전용식당, 미용실, 이발소, 사진관, 음악연습실, 어르신전용 상품몰, 도시농업, 어르신일자리카페 등 다양한 솔루션을 융합하는 실험을 지속적으로 진행하여 왔고, 이들 사회적경제조직들과의 협업을 통해 고령화에 따른 다양한 사회문제를 해결하고 있다는 점이다. 서울시가 이 일대를 어르신특화거리(일명 송해의 길)로 지정하여 도시재생의 새로운 모델로 자리매김하고 있다.

솔루션의 지향점

모든 사회문제들은 사람의 문제와 밀접한 관계 속에서 이해되어야 한다. 결국 사회문제해결이라는 것은 사람의 문제를 해결하는 것에 귀결된다고 할 수 있다. 사회적기업은 사회전반의 다양한 분야에서 사람의 가치와 중요성을 높이고 이것이 다시 조명 받도록 하며 사람을 중심으로 이들의 문제를 해결해 나가는 것을 목표로 한다. 솔루션이 지향해야 할 목표지점은 '사람'인 것이다. 일반기업의 솔루션으로서 상품이 사람들의 '필요'에 초점이 맞추어져있는 것과는 달리, 사회적기업의 솔루션으로서 상품은 사람들의 '결핍'에 그 초점이 맞추어져있다. 사회적 결핍의 해결을 목적으로 하는 것이다.

솔루션을 구체화하는 것은 그 지향점으로서 해결하고자 하는 사회문제를 명확히 하는 것이다. 이를 위해 우선 큰 틀에서 해결하고자 하는 사회문제의 방향을 정하는 것이 중요하다. 그 다음으로 이를 빈곤, 건강, 지역, 경제 및 산업구조, 사회변화에 따른 문제 등으로 세분화한다. 세부영역은 중복적으로 연관될 수 있고, 이를 명확하게 하기 위해 각각 솔루션에 대해 명칭을 붙이기도 한다. 솔루션을 구체화 하는 것 역시 사람들이 각각 가지고 있는 '결핍'을 발견하고 이를 해결해 내는 과정에서 그 실마리를 찾아야 한다.

환경문제를 통해 솔루션이 어떻게 작동될 수 있는지와 그 지향점을 살펴보자. 사회적기업에서 환경의 문제는 자원의 재활용 분야에서 비교적 활발하게 논의되고 있다. 자원이란 천연자원을 포함하여 인적 자원, 물적 자원, 지적 자원 등으로서 이와 관련된 사회문제는 자원의 유한성, 활용의 제약성, 자원의 편중 등이다. 이를 해결하기 위한 솔루션으로는 공유경제, 리(업)싸이클링, 적정기술이전 등의 개념이 있다.

경기도 사회적기업 '사랑의자전거'는 일산일대에서 버려지는 폐자전거를 수거하여 재활요하고 있다. 이를 수리하여 중고자전거로 판매하면서 저개발국에 지원하는 등 국내외 취약계층에게 기부하고 있다. 그리고 자전거교육원을 설립하여 저소득층 취약계층에 대한 자전거수리교육 등 사회서비스를 제공하고 이들을 채용하여 일자리를 만들고 있다. 또한 수리 후 버려지는 자전거 부품을 활용하여 기능형 손수레를 제작·보급하여 폐지수거 어르신을 돕고 있으며, 신개념 푸드바이크를 제작하여 저소득층 청년창업을 지원하는 등 다양한 활동을 전개하고 있다. 최근에는 지역자활조직들과 협력하여 이들에 대한 창업 및 일자리제공 그리고 자전거수리교육을 통한 사회서비스를 제공하여 이들의 자활을 돕고 있다.

산업사회의 고도화는 우리사회에서 다양한 사회문제를 야기해왔다. 환경문제가 대표적이다. 환경문제에 있어서 대기업들은 가장 강력한 가해자들이다. 필요악이다! 윤리적 경영이나 기업의 사회적 책임은 구호에 불과하고, 사전적 접근보다는 주로 사후적으로 대책을 마련하는 차원의 접근이 강하다. 문제는 훼손된 환경은 복구되기 어렵다는 것이다. 사실 환경관련해서 좋은 이미지를 갖고 있는 기업들도 알고 보면 오히려 환경을 심각하게 훼손하고 있는 기업인 경우가 허다하다. 포장된 이미지에 불과했던 것이다.

반면, 사회적기업은 환경문제해결을 위해 생산방식, 원재료 확보, 유통 등에서 환경을 보존하기 위한 적극적이고 사전적인 다양한 기업 활동을 수행한다. 버려지는 폐기물을 재활용하며 태양광 등 신재생 친환경 에너지 확보에 주력하고, 더 나아가 훼손된 환경을 복구하는 일에 이르기까지 보다 적극적으로 환경문제를 해결하고 있다. 각 단계에서 환경과 관련된 문제해결지점을 포착하고 이에 대한 솔루션으로 개발하여 이를 해결하는 것이다. 사실, 우리나라에서 환경 분야는 사회적기업의 업종이 청소나 건물관리에 편중되어 있고, 중요성에 비해 활동의 범위와 규모가 아직 미미한 수준이다. 이 분야에서 다양한 솔루션과 비즈니스모델이 추가로 개발되어야 하고, 사회적기업의 출현과 활동이 더욱 확대되어 사회의 다양한 주체들과의 협력이 더욱 활발해져야 할 것이다.

세종시에 위치한 사회적기업 '두레마을'은 지역자활에서 시작된 자활기업이기도 하다. 물을 거의 쓰지 않는 회오리세차방식의 세차장사업을 통해 저소득층의 창업을 지원하고 이들에게 일자리를 제공하고 있으며 학교청소 소독·방역, 시설관리 등의 사업을 수행하고 있다. 최근에는 기존의 회오리세차 프랜차이즈 사업을 통해 얻은 경험을 바탕으로 신발내부세척기 '슈젠'의 개발을 중기청(현, 중소기업벤처부) 기술개발지원사업으로 완료하고 본격적으로 소셜프랜차이즈사업에 도전하고 있다. 중앙자활센터와 지역자활센터들과의 연대를 통해 자활참여자들에 대한 경과적 창업을 지원하여 이들을 소방서, 경찰, 군부대 등을 비롯하여 신발내부세척이 필요한 소비자들과 연결하고 있다. (경과적 창업이란 창업은 시키되 독자적으로 사업운영이 힘든 창업자들을 일정기간동안 인큐베이팅하여 특정시점에 완전히 독립시키는 창업지원방식이다.) 신발내부세척기 사업은 일반 소비자들의 '발건강' 문제를 해결하면서 저소득층에게는 사업성있는 창업기회와 양질의 일자리를 제공하는 독특하면서도 매우 의미있는 사회적 목적을 추구하고 있다.

연대

4 연대와 협동을 위한 조직문화를 구축하라

사회적기업의 조직문화
→ 사회문제해결에 집중

사람
중심

연대와
협동

민주적
의사결정

스스로
변화와
성장

각각의 특성이 결합하여 진화하는 조직

사회적기업은 조직형태, 제품과 서비스, 기업 활동, 조직구성 등 경영 전반이 사회적 목적 실현에 집중되어 있는 '사회문제해결방식(솔루션)의 집합체'이다. 일반기업의 상품이 사람들의 '필요'에 초점이 맞추어져있는 것과는 달리, 사회적기업의 상품은 사람들의 '결핍'이라는 사회문제를 해결하기 위한 솔루션으로서 여기에 그 초점이 맞추어져 있다.

조직문화가 갖는 의미

조직문화란 '조직 내 조직구성원들의 태도와 행동에 영향을 주는 공유된 가치와 규범이 외부로 표현되어 그 조직의 정체성으로 인정받은 조직의 이미지'로서, 어떤 조직을 다른 조직과 구분하는 고유한 특성이다. 조직문화는 이러한 특성들이 조직구성원 그리고 이해관계자나 소비자와 같은 불특정 대상들과 공유되고 일관되게 인식되는 과정에서 형성된다.

어떤 기업을 다른 기업과 구분되게 하는 좋은 특성들은 그 자체가 차별화 요소이며 경쟁력이 된다. 어떤 조직문화를 갖느냐에 따라 구성원들의 조직에 대한 자긍심과 결속력, 조직의 성과, 지속가능성 등이 크게 달라질 수 있다.

우선, 조직문화가 '조직구성원들의 태도와 행동에 영향을 주는 공유된 가치와 규범'이라는 것은, 조직문화가 조직구성원에게 정체성과 동질성을 부여하여 비공식적인 행동지침을 제공한다는 의미이다. 조직문화는 공식적인 근로계약이나 복무규정보다 더 강력하게 조직구성원들을 조직에 몰입시키고, 조직에 자부심을 가지게 하며, 직무에 집중하도록 하는 등 조직을 통합하고 응집시키는 역할을 한다. 당연히 조직의 성과에도 상당한 영향을 미치게 된다.

다음으로 조직문화가 '그 기업의 정체성으로 인정받은 기업의 이미지'라는 것은, 어떤 조직을 다른 조직들과 구별하는 고유한 특성으로서, 사람에 빗대면 '교양'이나 '인격'과 같은 것이다. '교양'이나 '인격'은 본인 스스로 주장할 수도 있지만, 결국 다른 사람에게 인정받아야 의미가 있는 것처럼, 기업의 조직문화도 기업 스스로 만들고 심지어 포장 할 수도 있지만, 다른 사람들에게 인정되어야 비로소 그 가치가 나타나게 된다. 아무리 좋은 학벌과 경제력을 가진 사람이라도 '교양'이나 '인격'이 없다면 진정으로 존경받기는 어려운 것처럼, 기업도 마찬가지이다. 아무리 매출이나 수익성이 높은 기업이라도 좋은 조직문화를 갖고 있지 못하면 기업적 가치를 인정받기 힘들다는 것이다. 특히, 소비자들에게 어떻게 인식되느냐는 기업에 있어서 매우 중요한 문제가 된다.

사람이 태어나고 나이를 먹으면서 개개인마다 개성이 나타나는 것처럼, 기업들도 설립 후 일정기간이 지나면 각각 몇 가지 고유한 특성이 나타나게 되기 마련이다. 좋던 나쁘던… 합리적인, 실천적인, 이익중심적인, 소통이 잘되는 등의 수식어 붙는다. 물론 개성이 없는 사람이 있는 것처럼, '이렇다 할 특성이 없는' 기업들도 있다. 또 부정적인 수식어가 붙을 수도 있다. 좋은 특성들은 좋은 조직문화를, 나쁜 특성들은 나쁜 조직문화를 만들게 될 것이며, 또 '이렇다 할 특성이 없는' 조직들은 '이렇다 할 특성이 없는' 조직문화를 만들게 될 것이다.

한편, 한국 사회에서는 기업들의 '조직문화'가 실종되어 간다는 말이 있다. 우리사회에서 '이렇다 할 특성'을 가진 조직문화를 말할 수 있는 기업들이 점점 사라져 가고 있다는 것이다. 사실 이것은 기업뿐만 아니라 개인, 가정, 단체, 기관 등 우리사회 전반에서 나타나고 있는 현상이기도 하다. 우리사회의 각 주체들이 고유한 특성을 가지고 있지 못하게 된 것에는 여러 가지 이유가 있겠지만, 다들 저마다 고유한 가치를 추구하지 못하고 똑같이 기계부품들처럼 살아갈 수밖에 없는 사회풍토나 사회구조와 무관치 않다. 이러한 현상이 확대되고 있는 것은 우리사회에서 결코 유쾌한 일은 아닐 것이다.

이렇듯, 다들 '그 나물에 그 밥'처럼 살고 있는 우리사회에서 '사회적 목적'을 추구하면서 독특한 조직문화를 만들어가는 조직으로서 사회적기업들이 나타나고 있다는 것은 사뭇 의미심장하다. 사회적기업의 조직문화는 일반기업에서의 조직문화가 갖는 의미, 그 이상의 가치가 있다. 사회적기업의 조직문화는 그들이 추구하는 미래의 사회변화에 대한 현재의 밑그림이다. 사회문제해결을 통한 사회변화는 변화된 개인과 조직들의 연대를 통해서 가능하다. 따라서 사회적기업들은 이들의 변화에 대한 열망, 가치, 내용들을 조직문화에 녹여내고 담아낼 수 있어야 한다.

사회문제해결을 존재의 목적으로 하는 사회적기업에 있어서 조직문화는 사회문제해결을 위한 가장 본질적인 수단이다. 사회적기업의 제품과 서비스는 단순한 상품 그 이상의 가치가 있듯이, 사회적기업의 조직문화도 그 자체가 사회문제해결을 위한 핵심 솔루션으로서, 사회구성원들과의 밀접한 관계성 속에서 그 가치를 인정받을 수 있어야 한다. 이러한 조직문화는 조직의 연속성에 기반을 둔다. 당연히, 조직이 지속가능하지 않다면 조직문화를 만들 수 없다. 또 내부 구성원들의 지속적인 참여도 전제되어야 한다. 이직 등 인원변동이 심한 기업에서 탄탄한 조직문화는 형성되기 힘들다. 이와 더불어 조직이 지향하는 가치도 중요하다. 이것이 그 조직의 고유한 특성을 결정하기 때문이다.

그렇다면…
/ 사회적기업에는 어떠한 조직문화가 필요한가?
/ 조직에서 바람직한 특성들은 어떻게 만들어 지는가?
/ 이러한 특성들이 어떻게 조직의 문화가 되는가?

필자는 그동안 사회적기업이 가져야 할 조직문화의 특성을 사람중심, 연대와 협동, 민주적 의사결정구조, 스스로 변화하며 성장하는 조직 등 4가지로 요약하고 이를 강조해 왔다. 이것은 사회문제해결을 통한 사회변화를 지향하는 조직이 가져야 할 핵심특성이며, 또 지향하여야 할 가치이기도 하다. 이러한 특성들이 서로 밀접한 관계에서 영향을 주고받으며 상호작용을 통해 조직과 결합되어, 사회적기업에서 조직문화의 기본 바탕이 되어야 한다. 사회적기업들은 이를 바탕으로 사회적 가치와 경제적 가치를 추구하는 과정을 더 효율적으로 만들고, 사회적 성과를 극대화할 수 있는 각자의 상황에 적합한 독특하고 차별화된 조직문화를 만들어내야 한다.

사람중심의 조직

'사람중심'의 조직 이것은 사회적기업이 추구하는 본질중의 본질! 핵심중의 핵심가치이다. 사회적기업은 경제, 사회, 문화, 교육, 환경 등 모든 분야에서 사람을 중심에 두고, 자본의 가치보다 사람의 가치를 더 중요시하는 경제시스템을 만들어 간다. 이를 통해 자본주의가 확산한 '자본중심'의 경제를 '사람중심'의 경제로 전환하는 것을 핵심목표로 지향하고 있다. '사람중심'의 경제는 이를 목표로 하는 사회적기업들이 중심이 되어 다양한 사회구성주체들과의 연대를 통해 일종의 캠페인처럼 사회변화를 위한 운동으로 확장되어야 한다.

반면, 자본주의가 확산한 '자본중심'의 경제에서 대부분의 자본형 기업들은 자본을 통해 설립되고 자본을 통해 운영되며 최종적으로 자본(증식) 그 자체를 목표로 하여 조직문화를 만들어 간다. 큰 문제는 이것이 자본주의사회에서 비단 기업의 운영논리에만 한정되지 않는다는 것이다. 자본이 교육의 질을 결정하고, 문화를 소유하며, 정치권력을 결정한다. 한마디로 웃기는 상황이다. 아니 엄청 심각한 상황이라고 하는 것이 맞겠다. 사람들이 주인이 되어야 할 이 사회가 몇몇 소수의 가진 자들과 자본에 종속되어 가고 있는 것이다.

사회적기업에서 '사람중심'의 조직문화는 전사적 목표이며 핵심
전략이 되어야 한다. 단순한 일회성 슬로건이나 홈페이지를 장
식하는 문구가 되어서는 안 된다. 조직의 목표 그 자체가 되어
야 하고, 조직문화의 본질이 되어야 하며, 경영전반과 조화를
이루어 일관되게 추진되어야 하는 기업경영의 기본 토양이 되
어야 한다.

사람중심의 조직문화를 만든다는 것은 '함께 일하는 것이 행복
한 일터'를 만드는 것이다. 여기에서 중요한 것은 이들의 '노동
의 가치'가 존중될 수 있어야 한다. 사회적기업이 조직문화를
만드는 것에서 그 특성을 결정하는 핵심요소는 결국 구성원들
인 '노동자'들이다. 사회적기업들은 시장경쟁 속에서 현실적인
어려움 속에서도 조직구성원들의 일하는 행복, 서비스를 제공
하는 사람들의 일하는 행복을 지속적으로 추구해야 한다. 사람
들과 함께 일하는 것이 행복한 조직을 만들기 위해 행복하게
함께 일하는 조건과 이유를 끊임없이 고민하고 만들어 내야 한
다. 그리고 이에 대한 고민의 결과들을 제도적 장치를 포함하
여 조직문화로 만들어 가는 것이다.

조직구성원들을 조직의 중요한 자원으로 보는 관점이 무엇보다
중요하다. 이들을 변화, 자립을 통한 동반성장의 대상으로 보는
것이다. 이들에게 조직구성원들의 변화와 자립 그리고 성장과

정을 함께한다는 믿음을 줄 수 있어야 한다. 사회적기업에서는 조직구성원들을 단순히 '고용된 노동자'로만 보는 것이 아니고, 함께 일하며 노동의 기쁨을 나누는 사회문제해결업의 동반자요, 동업자로 인식해야 한다.

사회적기업의 조직구성원으로서 일자리참여자(인건비지원 대상자)들도 매우 중요하다. 사회적기업은 이들을 단순히 시혜의 대상으로 보아서는 안 된다. 그동안 대부분의 사회적기업들은 공공근로의 연장선에서 일자리참여자들에게 일자리 인건비지원금을 지급하는 일자리지원금 전달체계로서의 역할에 머물러 왔다. 엄밀하게 말해서 이러한 체계에서는 일자리참여자들을 조직의 한식구라고 보기 힘들다. 인건비지원이 종료되어도 이들에 대한 고용유지가 지속될 수 있도록 지원기간동안 모든 방안을 강구해야 한다. 그리고 일자리제공이라는 말도 사회적기업 입장에서 써서는 안 될 표현이다. 시혜적 관점을 버리고 그냥 '채용'이라고 하는 것이 좋다. 그래서 이들의 노동의 가치가 존중될 수 있도록 해야 한다.

만약 성공한 사회적기업들이 성공할 수밖에 없었던 단 하나의 공통점을 말하라면, "이들은 모두 사람중심의 조직문화를 추구하고 만들어 냈다."라고 강조하고 싶다.

연대와 협동

조직문화는 기업 경영전반에 걸쳐 조직의 목표, 조직구성, 상품, 프로세스 등과 상호 영향을 주고받는 기업운영의 기본 토대로서 그 효율은 조직구성원들의 연결구조에 크게 영향을 받는다. 특히, 사람중심의 조직구조에서 사람들을 연결하여 조직의 효율을 높이는 유용한 방법이 '연대와 협동'이다.

'연대'와 '협동'은 거의 같은 의미로 쓰이는 단어이지만 굳이 구분을 해본다면, '연대'는 다양한 주체들이 어떤 실천적 가치에 함께 뜻을 결합하는 과정이라면, '협동'은 연대가 지향하는 가치를 참여주체들이 협력해서 함께 실천하는 과정이다. 이러한 정의를 보면, '실천'과 '함께'라는 가치가 공통분모로 포함되어 있음을 알 수 있다. 연대와 협동은 어떤 일에 있어서 원인, 과정 그리고 결과 모두에서 작용되어야하며, 어느 한 부분에 정체되지 않고 지속적으로 진화되어야 하는 계속 진행형이어야 한다. 이를 통해 조직의 다양한 요소들을 연결하고 순환시켜 조직의 목표에 근접되도록 하는 것이다.

'연대와 협동'의 조직문화를 만드는 중요성은 조직구성원(참여자)들을 그 기업이 추구하는 사회적 목적에 결합(연대)시켜 해결하고자 하는 사회문제에 자발적으로 참여(협동)하게 하는 조직적 토양을 만드는데 있다.

가치있는 중요한 사회문제일수록 어느 한 개인이나 한 조직에 의해 해결되기 어렵다. 사회문제해결에는 팀워크를 필요로 한다는 것이다. 이것이 사회적기업에서 연대와 협동의 조직문화가 강조되는 이유이다. '연대와 협동'의 탄탄한 조직문화를 통해 추구하는 사회적 목적을 더 효율적으로 실천해 갈 수 있으며, 또 이것이 전제되어야 이를 바탕으로 다른 사회적경제조직들과의 '연대와 협동'을 이끌어내어 더 큰 사회문제를 해결할 수 있게 된다.

필자는 종종 사회적기업들을 직접 방문하기도 한다. 그런데 나름 진정성 있게 사회적 목적을 실천하고 있고 성공적으로 운영되고 있다고 알려진 사회적기업에서도 정작 조직구성원들은 조직의 사회적 목적은 고사하고 자신들이 일하고 있는 회사가 사회적기업이라는 것조차 모르는 황당한 일들을 종종 접하게 된다. 대표이사만 사회적기업가인 것이다. 안타깝게도 이것은 오늘날 많은 한국 사회적기업들의 현실이다. 왜 이런 일이 생기는가? 이것은 사회적기업으로서의 역할을 등한히 하거나 조직구성원들을 사회문제해결을 위한 연대와 협동의 핵심 대상자로 보지 않기 때문에 생기는 일이다. 이런 사회적기업가들은 연대와 협동의 가치를 등한시 여기거나 그 대상자를 외부에서 찾는 사람들이다. 그러나 연대와 협동의 조직문화가 없거나 약하면 조직의 성과는 기대할 수 없으며, 외부와의 연대와 협동 그리고 자원연계도 결코 용이하지 않게 된다는 것을 명심해야 한다.

사회적기업의 조직구성원들을 단순히 고용관계의 '직원'수준에 머물게 해서는 안 된다. 내부참여자로서 조직의 목표에 근접시키고 자발적이고 적극적으로 조직의 활동에 참여할 수 있는 사회적기업이라는 '사회문제해결업'의 동업자로 만들어야 한다. 연대와 협동의 조직문화를 만드는 것에는 삼국지 유비, 관우, 장비의 '도원결의'와 같이, 조직의 목표와 조직구성원들을 '결사'시키는 과정을 필요로 한다. 이것은 상당히 지난한 과정이지만, 꼭 필요한 과정이다.

우선, 이를 위해 필요한 것이 내부 교육이다. 정기적인 교육과 워크숍 등을 계획해 보는 것이다. 이때 굳이 외부강사를 초빙하는 것보다는 사회적기업가가 스스로 주도해서 내부 조직구성원들이 돌아가면서 강사가 되어 짧게라도 자체 교육으로 진행하는 것이 좋다. 자신의 담당업무를 중심으로 진행을 하되, 1장에서 언급하였던 조직의 소셜 미션과 관련된 사회현상과 솔루션의 탐색, 분석 등도 병행하는 것도 필요하다. 또 강의와 토론을 5:5정도로 배정하여 참여자들의 의견을 충분히 수렴하여 이를 점진적으로 기업경영에도 반영하는 것도 중요하다. 요컨대, 조직의 목표에 관련하여 조직구성원들의 생각들이 소통되고 공유되어 참여의식을 높이는 것을 목표로 하는 것이다. 처음에는 힘들겠지만 지속적으로 시도하고 노력해야 될 것이다. 이러한 과정은 정기업무회의나 회식, 이벤트 등과 연동할 수도 있으며, 그 결과물들을 정리하고 축적하여 지속적으로 공유되도록 해야 한다.

다음으로, '연대와 협동의 추억'을 만드는 것이 중요하다. 연대와 협동의 경험을 축적하는 것이다, 큰 성공도 중요하지만 작은 성공들을 자주 경험하게 하는 것이 필요하다. 이것이 큰 성공을 만드는 밑거름이 된다. 이러한 과정은 한 부분에 국한되어서는 안 되며, 어떤 일에 대한 원인(동기), 과정, 결과 등 전 과정에서 이루어져야 한다. 이때 각 단계와 과정에서 동기부여_motivation 요소를 가미하면 더욱 효과적이다. 물론 이것을 계획하고 수행하는 것도 조직구성원들과 함께해야 한다. 동기부여의 기본은 서로 협력해서 일을 만들고 수행하여 그 결과를 공정하게 나누는 것이다. 동기부여에는 인센티브나 승진과 같은 재무적 보상뿐만 아니라 비재무적 보상으로서 자존감, 성취감, 애사심 등 심리적인 보상과 사내 복지 향상과 같은 근로생활의 질 등이 포함되도록 계획되어야 한다.

연대와 협동의 조직문화는 사회변화의 출발점이다. 사회적기업들은 우선 자신들의 조직에서부터 연대와 협동의 조직문화를 만들고 이에 대한 경험을 축적하여 자발적이고 적극적인 참여자로서 변화된 개인을 통해 조직을 변화시키고, 이것을 사회적으로 확장하여 더 광범위한 연대와 협동을 통해 우리사회의 진정한 변화를 이끌어내야 한다. 연대와 협동의 조직문화! 바로 지금부터 당장 시작해야 한다.

민주적 의사결정구조

'민주적 의사결정구조'란 서비스 수혜자, 노동자 등 이해관계자가 참여하는 의사결정구조를 갖추는 것이다. 사회적기업에서 이것이 강조되는 것은, 사회적기업은 모든 권한이 최고경영진에게 집중하는 구조를 지양하고, 구성원 모두가 명확한 권한과 책임을 가지고 의사결정에 참여하여 자주적으로 경영되는 조직문화를 지향하기 때문이다.

사회적기업이 되기 위한 요건에서, 특히 주식회사의 경우에는 최고의결정기구인 이사회에 노동자대표, 사외이사 등 이해관계자를 포함시킬 것을 정관에 명시하도록 법제화하고 있다. 이것이 형식에 그치지 않고 현실에서 실제적으로 실현한다는 것은 결코 쉽지 않은 일이다. 그 필요성에 대해서는 모두들 인정하지만, 전통적으로 지분에 의한 주주의 구성, 직위에 따른 위계질서 등에 익숙해 있는 기업 현실에서 노동자대표를 이사로 선임해서 경영에 참여시키고 1인1표와 같은 제도를 도입하는 것에는 상당한 거부감이 존재할 수밖에 없다. 오너십_ownership 중심의 조직이나, 빠른 의사결정이 요구되는 조직일수록 이에 대한 거부감은 더욱 심할 것인다. 사실 이러한 상황은 비단 주식회사뿐만 아니라 비영리조직에서도 종종 나타나는 현상이다.

그럼에도 불구하고 민주적 의사결정구조를 지향해야 할 이유는 분명하다. 민주적 의사결정구조를 갖춘다는 것은 사외이사나 노동자대표를 선임하는 등 형식적인 제도를 만드는 것이 아니다. 실질적으로 조직구성원들이 조직의 의사결정에 참여해서 주인의식을 갖고 조직의 운영방식이나 일의 방향과 내용들을 스스로 결정할 수 있는 조직문화를 만드는 것이다.

기계처럼 틀에 박힌 조직구조 대신, 조직구성원들이 서로 상호작용을 통해 스스로 조직운영에 필요한 '새로운 질서'들을 만들 수 있는 여건을 조성하는 것이 중요하다. 이러한 '새로운 질서'들이 제도와 규칙들로서 정관이나 규약으로 형식화되고, 조직의 전통이나 풍토와 같은 불문율이 되어 조직문화로 자리 잡아가도록 하는 것이다. 물론, 처음에는 상당히 삐걱대겠지만, 이러한 새롭고 자유로운 질서들이 스스로 조정기능을 발휘할 수 있는 시점까지 도달하게 되면 조직의 창조성과 역동성 그리고 변화와 성장을 이끌어낼 수 있는 자주적인 조직문화로 안착하게 된다.

한편, 민주적 의사결정구조는 조직구성원들의 자율적인 참여를 촉진하기 위해서 '권한의 이양'이 수반되어야 한다. 그리고 권한의 이양에 따른 책임이 규정되고 주어져야 된다. 이것이 어렵다. 권한을 이양하는 것도 어려운 일이지만, 조직구성원들에게 권한에 따른 책임을 주는 것은 더욱 어려운 일이다. 우리사회의 풍토에 잘 안 맞고, 조직구성원 입장에서도 시키는 일만 하고 과도한 책임을 지려고 하지 않을 수도 있다. 따라서 처음에는 가급적 업무의 범위를 세분화하여 부분적인 권한의 이양을 통해 실제적인 경험들을 쌓을 수 있는 배려가 필요하다. 이러한 권한의 이양에 대한 내용과 결과는 사소한 것이라도 조직 내에서 구성원 모두에게 공유되도록 하는 것이 중요하다. 또 어떤 경우에는 업무범위를 벗어나는 과감한 시도를 통해 '생산적인 갈등'을 유발할 필요도 있다. 이때 전통적인 위계질서가 깨지는 위험은 어느 정도 감수하고 대처해야 한다. 이러한 과정을 통해 점진적으로 주인의식과 책임의식이 확산되도록 하고, 조직의 '긍정적인 변화'라는 결과를 만들어내도록 다양한 시도를 지속하여, 이것이 조직문화로 자리 잡도록 하는 것이다.

마지막으로 민주적 의사결정구조에서 중요한 것이 '회의'이다. 회의에 대한 문화를 만드는 것 역시 중요하다. 회의는 우리 인체의 실핏줄 같은 역할을 하도록 해야 한다. 조직 요소요소에 산소(에너지)를 공급하고 피(정보)가 순환(소통과 공유)되도록 하는 역할이다. 따라서 여러 가지 형태의 회의를 자주할수록 좋다. 일하기도 바쁜데 뭘 회의를 자주하냐고 할 수도 있겠지만, 가벼운 티타임에서 업무미팅, 온라인 내부망, 정기적인 정례회의까지 수시로 의사소통을 할 수 있는 창구를 다양하게 만들 필요가 있다. 또 주간회의나 월간회의 같은 정례회의에 반드시 경영진이 참석해야 한다는 편견도 버릴 필요가 있다. 우리 조직은 아직 이 단계까지는 안 된다는 편견 역시 버리길 바란다. 조직구성원 스스로 회의안건을 만들어 그 결과를 도출하고 이를 경영진이 여과없이 수용해 보는 것이다.

민주적 의사결정구조를 갖춘다는 것은 현실적으로 자본중심의 경제에 익숙해져있는 우리사회에서 형식적인 제도만으로 실효성이 있을지는 의문이 들기도 한다. 따라서 이를 위해 과감한 결단 그리고 부단한 노력과 시간을 투입해서 다양한 시도가 요구되는 영역이기도 하다. 실제 이를 위해 기업의 소유자가 주식을 포기하고 주식회사에서 협동조합으로 전환하는 사례도 종종 나타나고 있으며 노동자대표에게 근속을 전제로 실제 지분을 배정하는 등 다양한 시도들이 진행되고 있다. 조직을 민주적으로 운영하는 것에 노력과 시간을 투자하라! 여기에서 뜻밖의 결과를 얻게 될 수도 있다.

스스로 변화하며 성장하는 조직

사회적기업은 변화된 개인과 조직을 통한 사회의 변화를 지향한다. 이때 개인의 변화→조직의 변화→사회의 변화라는 단계를 거치게 된다. 사회적기업은 개인의 변화와 사회의 변화를 연결하는 중요한 매개체로서, 당연히 조직의 특성에 변화의 속성을 가지고 있어야 한다. 그래야 앞뒤가 맞는다.

사회적기업 자체가 스스로 변화하고 성장할 수 없다면 개인의 변화는 물론이고 궁극적인 사회변화도 기대할 수 없다. 사회적기업은 '스스로 변화하고 성장해야하는 조직'이라는 말에는 지금까지 설명했던 '사람중심', '연대와 협동', '민주적 의사결정구조'와 같은 사회적기업의 주요특성들은 물론이고, 사회적기업이 지향하는 대부분의 가치들이 함축되어야 한다. 변화와 성장은 사회적기업의 지향점이며, 본질적인 특성인 것이다.

사회적기업에서 조직문화를 만든다는 것은 장기적인 관점에서의 접근을 필요로 한다. 스스로 변화하며 성장하는 조직문화를 만드는 것은 더욱 그렇다. 이것은 사회적기업의 지속가능성의 전제가 된다. 장기적인 관점에서 변화, 성장할 수 없는 조직은 지속가능할 수 없다는 것이다. 즉, 변화하지 못하면 성장할 수 없으며, 성장하지 못하면 지속가능할 수 없다는 것이다.

사회적기업에서 변화와 성장의 핵심열쇠는 '조직구성원'들에게 있다. 조직구성원들을 스스로 변화하고 성장하는 존재로 이끌어야 하는 것이다. 일방적인 업무지시로 돌아가는 조직에서 변화와 성장을 통한 창조적인 업무성과를 기대하기란 힘들다. "물고기를 주는 것보다, 물고기를 잡는 법을 가르쳐라."라는 말이 있듯이, 스스로 성장할 수 있는 방법을 터득하게 하는 것이 중요하다. 그런데 조직의 최고경영자들이 흔히 범하는 오류 중의 하나는 자신이 조직의 구성원들에게 물고기를 주고 있으면서 물고기를 잡는 법을 알려주고 있다고 착각하는 것이다. 업무지시로 물고기를 잡는 법을 알려주기는 힘들다. 또 단순히 교육에 참가시키고 기술 몇 가지를 배울 수 있는 기회를 제공하는 것이 전부라고 생각해서도 안 된다. 이런 것들은 그냥 물고기를 주는 것과 다름 아니다. 물고기를 잡는 법을 알려준다는 것은 어떤 사람을 스스로 생존할 수 있는 사람이 되도록 변화시킨다는 의미이다. 조직구성원들을 그들 스스로 자신에 대한 비전을 갖게 하고, 능동적으로 목표를 설정하고 수행하며, 이를 통해 성과를 만드는 과정을 지속할 수 있도록 변화시키는 것이다.

또한 조직구성원들의 변화와 성장을 위해서 이들의 동기부여를 위한 제도를 마련하는 것도 중요하다. 일반기업에서 성과에 대한 보상_incentive은 주로 영업실적과 같은 재무적 성과에 집중되어 있다. 반면, 사회적기업에서는 재무적 성과에 대한 보상도 필요하지만, 비재무적 성과에 대한 보상도 매우 중요한 요소가 된다. 사회적기업은 재무적 성과뿐만 아니라 비재무적 성과를 주요 목표로 하기 때문이다. 비재무적 성과에는 사회적 성과를 비롯하여 프로세스의 개선, 구성원간의 결속, 조직의 이미지제고 등이 포함된다. 이에 대한 세부항목을 지속적으로 추가하고, 이를 측정할 수 있는 지표를 만들어 보상하면서 이를 장려하는 것이다. 이러한 비재무적 성과는 재무적 성과와도 밀접한 관련이 있다. 더 큰 재무적 성과를 이끌어내는 바탕이 되기 때문이다. 이렇듯, 조직구성원 개인들의 변화와 성장을 촉발하는 동기부여 요소들을 조직 내에서 제도화하고 조직의 성과와 직·간접적으로 연결시키는 노력을 통해 이것을 조직문화로 정착시키는 것이다.

언제까지나 최고경영자에 의해서만 이끌려가는 조직의 모습이 아닌, 조직구성원 개개인들이 변화를 바탕으로 스스로 성장하는 조직으로 나아가야 한다. 스스로 변화하며 성장하는 조직문화의 핵심은 조직구성원들이 조직의 목표와 함께하도록 이들을 스스로 움직이게 하는 것이다. 스스로 변화하며 성장하는 조직문화에서는 조직구성원 개개인의 변화에 대한 동기부여와 추진력을 스스로 유지하며 조직의 변화와 성장을 넘어 사회의 변화와 성장에 연결되어 여기에 함께 동참하는 '자주적 인간'을 지향한다.

위대한 사회적기업가들은 성공을 넘어 스스로 변화하고 성장해 온 사람들이다. 단순히 환경에 적응하는 것을 뛰어 넘어 결핍을 해결하고 변화를 창조하며, 자신의 선택과 책임에 대한 무거운 짐을 짊어지고, 스스로 자신들의 성장을 주도해 왔다. 환경의 변화와 외부의 요구 그리고 자신의 역량을 충분히 고려해서 가장 적합한 변화와 성장의 모델을 만들고 이를 조직문화로 정착시켜 조직구성원들과 함께 조직의 변화와 성장을 이끌어온 사람들이다.

5 비즈니스모델을 전략적으로 활용하라

소셜미션 + 비즈니스모델
→ 가치제안의 핵심 내용

Why 왜 이 사업을 하려고 하는가?
(해결하고자 하는 사회문제는 무엇인가?)

What 무엇을 팔려고 하는가?
Who 누구에게 팔려고 하는가?
How 어떻게 팔려고 하는가?

Where 가용 자원(기반)은 무엇인가?
When 단계(일정)별 목표는 무엇인가?

순서?

사회적기업 사업계획서의 전제는 단 한가지 질문으로 요약되고 집중된다.
→ 해결하고자 하는 사회문제는 무엇인가?

사회적기업에서 '사회적 목적'과 '비즈니스방식'은 서로 분리해서 생각될 수 없다. 비즈니스방식을 어떻게 활용하였느냐에 따라 사회적기업의 지속가능성과 사회적 성과가 크게 달라질 수 있다. 또한 이러한 사회적 성과는 경제적 성과에도 영향을 미치고 이것이 다시 비즈니스방식을 개선시키고 또 강화시킨다. 따라서 사회적기업에서 '사회적 목적'과 '비즈니스방식'은 서로 영향을 주고받는 통합적인 순환과정으로 이해되어야 한다.

새로운 '사회문제해결사'의 등장

사회적기업이라는 용어는 1980년 미국 아쇼카재단의 빌 드레이트이 처음으로 사용하였다고 한다. 그동안 줄곧 정부, 공공부문 또는 비영리 조직들의 역할로만 생각되어 온 사회문제해결이라는 영역에 새로운 '사회문제해결사'의 등장을 알린 것이다.

사회적기업은 '사회적 목적을 추구하기 위한 경제조직'이라고 정의에서, '경제조직'이라는 말은 이윤추구를 위한 수익활동을 한다는 것이다. 그런데 '사회적 목적을 추구하기 위한 비(非)경제조직'들도 있다. 앞서 언급한 정부, 공공부문, 비영리 조직들이다. 이들의 방식과는 달리, 새롭게 등장한 '사회문제해결사'로서 사회적기업들은 사회문제해결에 비즈니스 방식을 활용하여 문제해결과정을 혁신하고, 조직을 효율화하며, 지속가능성을 높이는 방식으로 사회적 목적을 추구한다. 기존 방식과의 큰 차이는 사회문제해결에 '비즈니스방식'을 적극 도입하여 활용하고 있다는 것이다. 그래서 사회적기업은 '기업적 방식, 즉 비즈니스방식을 활용해서 사회문제를 해결하는 경제조직'으로 정의되기도 한다.

사회적기업의 태동은 1970년대 세계적인 경기침체상황에서 미국의 비영리조직들이 경기 불황으로 기업 후원이 줄어들자 자구책으로 수익활동을 시작한 것이 계기가 되었다. 따라서 초기 사회적기업들은 비즈니스방식을 활용하여 주로 수익창출을 통해 지속가능성을 확보하는 것이 주요 목표였다. 이후 2000년대에 들어서면서 이윤창출뿐만 아니라 사회문제해결에도 비즈니스방식이 활용되면서 영리부문의 효율을 적용하여 뛰어난 사회적 성과를 만들어낸 사회적기업들이 다양한 분야에서 나타나기 시작하였다. 이들은 문제해결과정에서 비즈니스방식을 활용하여 주요 자원과 비용, 참여인력 등을 효율적으로 통제하고, 프로세스를 혁신하며, 목표관리와 같은 경영기법을 적극적으로 도입하여 사회적 성과를 더욱 높이고 있다. 지금까지 사회적기업은 그동안의 경제적, 사회적 성과를 바탕으로 그 유용성이 입증되면서 전 세계적으로 급속하게 확산되고 있다. 결국, 사회적기업이 비즈니스방식을 활용하는 이유는 '수익창출을 통한 지속가능성 확보와 문제해결과정에서의 효율성 제고'라는 두 가지 핵심목표로 요약될 수 있다.

한편, 지금까지 비영리조직들이 '수익창출을 통한 지속가능성 확보와 문제해결과정에서의 효율성 제고'라는 목적으로 비즈니스방식을 결합하여 사회적기업으로 활동하는 것이 주요 흐름이었다면, 최근에는 아예 강력한 비즈니스모델을 구축하고 있는 영리기업들이 직접 사회문제해결분야에 뛰어들고 있는 흐름이 자주 목격되고 있다. 사회문제해결영역에서 새로운 시장기회를 찾고 이를 사업화한 기업들로서 필자는 이를 '사회적기업'과 굳이 구분할 필요가 없다고 생각하기 때문에, 이 책에서는 '사회적기업'에 이를 포함하여 다루고 있다.

이렇듯, 사회적기업에서 '사회적 목적'과 '비즈니스방식'은 서로 분리해서 생각될 수 없다. 비즈니스방식을 어떻게 활용하였느냐에 따라 사회적기업의 지속가능성과 사회적 성과가 크게 달라질 수 있기 때문이다. 또한 이러한 사회적 성과는 경제적 성과에도 영향을 미치고 이것이 결과적으로 다시 비즈니스 방식을 개선시키고 또 강화시키게 된다. 이렇듯, 사회적기업에서 '사회적 목적'과 '비즈니스방식'은 서로 영향을 주고받는 통합된 순환과정으로 이해되어야 한다.

아직까지, 사회적기업이 어떻게 효율적으로 비즈니스방식을 활용할 것인가에 대해서는… 사회적 목적을 효율적으로 달성하기 위한 다양한 비즈니스 모델의 개발과 적용, 사회적소비자와 시장의 개발, 창의적인 전략설계, 이를 실행에 옮기는 리더십과 조직문화구축 등 전반적인 분야에서 더 많은 연구과 노력이 필요한 아직은 여전히 실험적인 영역이다.

비즈니스모델과의 결합

사회적기업에서 사회적 목적이 중요한 만큼 이를 지속가능하게 하는 비즈니스모델이 효율적이고 적합하지 않다면 사회적기업의 사회적 성과는 기대하기 힘들다. 사회적 목적은 단기에 실현되는 것이 아니고 장기적으로 그리고 지속적으로 실현되어야 하는 특성이 있다. 이 과정에서 비즈니스모델은 '이윤을 추구하는 경영활동과정'에서 직접적으로 수익성에 영향을 미치는 핵심요소이면서, 사회적 목적의 달성에도 직간접적인 영향을 상당부분 미치게 된다. 결국, '성공적인 사회적기업'이라는 것은 소셜 미션을 효과적으로 달성할 수 있는 가장 적합한 비즈니스모델과의 결합을 통해 사회적 성과를 지속가능하게 발현할 수 있어야 한다. 현실적으로도 비즈니스모델이 우수한 사회적기업들이 더 좋은 사회적 성과를 내는 것을 흔히 볼 수 있다.

이렇듯, 사회적기업에는 사회적기업이 '사회적'인 이유인 '소셜 미션', 사회적기업이 '기업' 이유인 '비즈니스모델'이 공존한다. 그러나 사회적기업을 단순히 '사회적'+'기업'이 결합된 개념으로 이해해서는 안 된다는 것을 전제하고 싶다. 사회적기업을 '사회적 목적과 경제적 목적을 동시에 추구하는 조직'정도로 1차원적으로 이해해서는 안 된다는 것이다.

사회적기업에서 사회적 목적은 문자 그대로 미션_mission이다. 잘 수정되거나 변경되기 힘든 고유의 가치인 것이다. 반면, 비즈니스모델은 실행도구_method이다. 필요에 따라 취사선택의 대상이 된다. 어떤 것을, 어떻게 선택할 것이냐가 매우 중요한 문제가 되지만, 어디까지나 목적이 아닌 수단인 것이다. 그럼에도 불구하고 사회적기업에서 비즈니스모델의 중요성은 결코 간과해서도 안 되는 문제이기도 하다. 그래서 사회적기업에서 "사회적 목적과 비즈니스모델 중에서 무엇이 더 중요한가?"라는 물음은, "닭이 먼저냐, 달걀이 먼저냐"와 같이, 항상 대답하기 힘든 문제가 된다.

사회적기업이 비즈니스모델과 결합하는 것에는 크게 몇 가지 방법이 존재할 수 있다. 스스로 비즈니스모델을 개발하거나 개선하는 것, 다른 조직이 개발한 비즈니스모델을 벤치마킹_bench marking 하는 것, 다른 조직과 비즈니스 자체를 부분적 또는 전면적으로 통합하여 이에 따른 공동의 비즈니스모델을 통해 사업을 수행하는 것 등이다.

비즈니스모델과의 결합에서 경영학의 인사조직, 재무, 생산, 마케팅 등 각론을 두루 이해하지 못한다고 해서 걱정할 필요는 없다. 비즈니스모델이 지향하는 문제해결과정에서의 효율성 제고와 이윤을 통한 지속가능성 확보라는 핵심목표에 도달하는데 필요한 요소들을 확인하는 것으로도 충분하다. 다음은 그 요소들을 확인하기 위해 필요한 몇 가지 질문들이다. 당장 이 질문들에 답할 수 있는 독자들도 있겠지만, 이 책이 그 답변을 보다 바람직한 방향으로 인도하여 더 효율적으로 핵심목표에 도달할 수 있기를 바란다.

/ 나는 이 사업을 왜 하는가?
/ 직원들이 이 회사에서 일하는 이유는 무엇인가?
/ 누가 고객이고 이들에게 어떤 가치를 제공하고 있는가?
/ 수익이 어떻게 만들어지고 있는가?
/ 돈을 벌면 어떻게 쓸 건가?

비즈니스모델의 설계 : 디자인적 사고

요즘 사회적기업과 관련해서 심심치 않게 듣게 되는 말이 '디자인적 사고_design thinking'이다. 「사회적기업을 디자인하라」라는 책도 있고, 명함에 '소셜 디자이너'라는 문구를 쓰는 사람도 종종 볼 수 있다. 그만큼 디자인적 사고가 사회적기업 영역에서 중요한 개념으로 부각되고 있다. 디자인적 사고는 세상을 바라보는 관점으로서 또 하나의 새로운 패러다임이 되고 있다.

디자인_design은 본래 '지시하다, 표현하다, 성취하다'의 뜻을 지닌 라틴어 '데시그나레_designare'에서 유래한 용어로서, 특정한 목적을 달성하기 위해 구성요소들의 재구성하는 일련의 활동을 지칭하는 광범위한 개념이다. 지금부터는 그동안의 디자인에 대한 개념을 버리고, 그 개념을 확장해서 광범위한 영역에 적용될 수 있는 용어로 생각하기를 바란다!

디자이너들에게는 중요한 특징이 있다. 문제가 주어졌을 때 분석적 사고와 직관적 사고를 반복하는 통합적 사고를 한다는 것이다. 어떤 문제에 대해서 광범위하고 다양한 대안을 찾는 창의적 사고와 선택된 대안을 현실에 맞게 다듬는 대안적 사고를 반복하여 해결점을 찾아 간다. 이러한 통합적 사고를 가지고 관찰과 영감 → 아이디어의 구체화 → 개선의 반복적 실행 등과 같은 일정한 루틴 속에서 일을 수행한다. 디자인적 사고는 분석적 사고에 기반을 둔 정확한 현실인식과 직관적 사고에 근거한 창조적 역동성이 상호작용을 통해 균형과 조화를 이루는 것을 목표로 한다. 단순히 외형을 만드는 작업에 그치는 것이 아니라 해결해야 할 문제의 본질과 핵심을 파고들어서, 무엇이든 상상 속의 영감들을 눈에 보이는 것으로 그려내고, 손에 잡히는 것으로 구체화하는 것이다. 우주선이나 로봇과 같은 개념을 최초로 만든 것은 과학자나 기술자가 아니고 디자이너였다!

그렇다면, 사회적기업을 디자인 한다는 것은 어떤 의미인가? 이것은 사회적기업의 핵심요소들을 이러한 디자인적 사고를 통해 재구성하는 것이다. 즉, 사회문제 해결방식을 구상하고 비즈니스모델을 결합하는 과정에서 직관적인 사고와 분석적인 사고를 반복하는 디자인적 사고를 도입하는 것이다.

사회적기업에서 사회적 성과와 지속가능성은 이윤을 추구하는 경영활동과정에서 만들어진다. 이윤을 추구하는 경영활동의 핵심 수단으로서 비즈니스모델은 사회적기업이 지향하는 사회적 성과와 지속가능성이라는 두 가지 목적을 고려해서 개발되어야 한다. 이 두 가지 목적은 본질적으로 상반된 속성을 가지고 있기 때문에 서로 조화와 균형을 이루기 위해서는 디자인적 사고로서 분석적 사고와 직관적 사고의 기반을 둔 통합적 접근을 필요로 한다.

사회적기업에서 비즈니스모델이 결합하는 과정은, 우선 추구하고자 하는 사회적 목적이 명확히 정의하고, 이를 바탕으로 이에 적합한 비즈니스모델들을 탐색하여, 향후 사회적 성과를 견인할 수 있는 적합한 비즈니스모델을 결합하는 단계로 요약된다. 이러한 과정은 사회적 목적과 관련해서 분석적 사고에 기반을 둔 정확한 상황인식이 필요하고, 비즈니스모델의 선택에는 직관적 사고에 근거한 창의적인 상상력이 필요하다. 거꾸로 사회적 목적에 직관적 사고가, 그리고 비즈니스모델에 분석적 사고가 필요할 수도 있다. 두 가지 사고가 통합적으로 반복되는 것이 중요하다. 비즈니스모델과 사회적 성과가 균형과 조화를 이루도록 하는 것이다. 한편, 이러한 과정은 비즈니스의 실패를 최소화하는 데에도 이점이 있다.

디자인적 사고는 우리사회에서 문제 해결과 새로운 기회 발견을 위해 다양하게 활용될 수 있다. 실제로 의료, 법, 정치, 비즈니스 등 어떤 분야에서든지 다양하게 활용될 수 있으며, 더 나은 결과를 창출해낼 수 있는 가장 강력한 도구가 될 수 있다. 우리사회의 어딘가 비합리적인 기존의 상황(사회문제를 야기하는 현상)으로부터 이를 보다 합리적으로 바꿀 여지를 발굴하고, 더 합리적인 상황으로 전환시키기 위한 행동들을 고안할 수 있다면, 누구나 '소셜 디자이너'로서 사회적기업가가 될 수 있는 것이다.

'디자인적 사고'는 아이디어를 아이콘으로 바꾸는 생각의 최고

지점이다. '아이콘'이란 어느 한 분야의 최고의 스타, 우상, 대표기업 등으로 인정받는 상징과 같은 존재를 의미한다. 이 책의 부제를 '변화, 연대, 혁신의 아이콘'으로 한 것은 사회적기업들이 '변화', '연대', '혁신'이라는 각 영역에서 대표적인 기업들로 성장하기를 바라는 마음에서였다. 이것이 필자가 '디자인적 사고'를 강조한 이유이기도 하다!

비즈니스모델캔버스

비즈니스모델캔버스는 비즈니스모델을 개발하기 위한 도구로서 알렉산더 오스터왈더_Alexander Osterwalder가 출간한 명저 「BUSINESS MODEL GENERATION」이라는 책에서 소개되어 전 세계적으로 활용되고 있다. '캔버스'라는 말처럼 도화지 위에 9가지 영역을 그려서 각 영역을 채워나가다 보면 어느새 비즈니스모델이 완성되고 또 점검해 볼 수 있게 된다.

비즈니스모델캔버스는 사업계획의 구조를 간략하면서 명확하게 보여주고, 비즈니스의 주요 요소들에 대한 매우 일관성 있는 관점을 제공한다. 아이디어 단계에서 사업 타당성을 빠르게 진단하는 데는 매우 도움이 되는 도구로서 실제 새로운 비즈니스모델을 개발하는데 매우 유용하다. 뿐만 아니라 신제품·서비스 개발, 전략수정, 비즈니스 모델 리모델링 등의 용도로도 다양하게 활용할 수 있다. 시장분석과 경쟁자 분석이 캔버스 안에 포함되어 있지 않는 것이 약점이지만 이는 기존의 9가지 영역에

얼마든지 녹여낼 수 있어서 큰 문제가 되지 않는다. 또 비즈니스모델캔버스 자체만으로도 훌륭한 도구이지만 부가적으로 SWOT 분석, 블루오션 전략모델, 5 Forces Model, Lean Startup Process 등 전략도구들과 함께 사용하면 훨씬 유용하게 활용할 수 있다. 효과를 얻기 위해서 부단한 연습이 필요하다.

기존 비즈니스모델캔버스는 9개 영역으로 구성되어 있는데, 필자는 여기에 사회적 가치에 관한 영역이 추가된 10개 영역의 '소셜비즈니스모델캔버스'를 활용하고 있다. 이 영역들을 순서에 따라 작성하다보면 사업아이디어가 골격을 갖추게 되고, 각 영역들이 전체적으로 서로 밀접한 관계에서 매우 일관성 있는 관점에서 비즈니스모델을 구체화할 수 있게 된다. 이를 통해 사회적 가치와의 관계성을 고려하여 사업아이디어의 사업타당성을 조기에 진단해보고 비즈니스모델로서의 가능성을 점검해볼 수 있다.

이 책에서는 비즈니스모델캔버스의 각 영역을 채우는데 필요한 각 영역에 대한 구체적인 설명을 다루고 있지는 않지만 아래 각 영역에 대한 질문들에 집중하면 얼마든지 각 영역을 어렵지 않게 채울 수 있다. 우선, 캔버스그림을 확대해서 큰 도화지에 옮기고 각 영역에 대한 핵심질문에 답을 하면서 각 영역을 순서에 따라 채워보기 바란다.

/ 고객분류 _ Customer Segments : 누가 가장 중요한 고객인가?

/ 가치제안 _ Value Propositions : 고객의 어떤 문제를 해결하는가?

/ 채널_Channels : 고객들과 어떻게 만나는 것이 가장 효과적인가?

/ 고객관계 _ Customer Relationships : 고객이 상품을 어떻게 만나는가?

/ 수익원(수익의 흐름) _ Revenue Streams : 어디에서 수익이 나오는가?

/ 핵심자원 _ Key Resources : 상품을 만들기위한 핵심자원은 무엇인가?

/ 핵심활동 _ Key Activities : BM에서 가장 중요한 활동은 무엇인가?

/ 핵심파트너 _ Key Partnerships : 핵심 공급자와 협력자는 누구인가?

/ 비용구조 _ Cost Structure : BM에서 가장 중요한 비용 무엇인가?

/ 사회적가치 _ Social Value : 사회가 어떻게 변화되는가?

〈그림〉 소셜비즈니스모델캔버스

고객분류 Customer Segments	핵심활동 Key Activities	가치제안 Value Propositions	고객관계 Customer Relationships	고객분류 Customer Segments
	핵심자원 Key Resources		채널 Channels	
비용구조 Cost Structure		사회적 가치 Social Value	수익원 (수익의 흐름) Revenue Streams	

비즈니스모델캔버스를 작성할 때 유의할 점은 자꾸 시험답안을 작성하듯 하지 말라는 것이다. 처음부터 정답을 쓰려고 고집할 필요가 없다. 다양한 생각과 아이디어를 담아보는 것이 중요하다. 정답은 엉뚱한데 있을 수도 있다. 혼자 작성해보는 것도 필요하지만, 여럿이 함께 작성하는 것도 필요하다. 이것이 훨씬 효과적인 경우가 많다. 그리고 기한을 특정해서 한 번에 완성하는 것보다, 수시로 수정하고 포스트잇 같은 것을 활용해서 다양한 아이디어를 계속 추가하는 것이 좋다. 그리고 중간 중간 취합해 보면서 지속적으로 반복하는 것이다. 비즈니스모델은 그 큰 틀 자체는 물론이고 각 구성요소들이 끊임없이 수정되고 변화되면서 진화하는 것이다. 이를 위해 취사선택할 수 있는 좋은 원재료들을 가급적 많이 확보하는 것이 좋을 것이다.

벤치마킹_bench marking

원래 토목분야에서 강물 등의 높낮이를 측정하기 위해 기준점인 벤치마크를 표시하는 행위에서 유래한 '벤치마킹'은 '측정의 기준이 되는 대상을 설정하고 그 대상과 비교, 분석을 통해 그 갭을 줄이는 방법'으로써 최근까지 다양한 분야에서 활용되고 있다.

기업경영분야에서 벤치마킹은 어떤 기업이 다른 기업의 제품이나 조직의 장점을 비교분석하여 모방하거나 자신의 단점을 보완하는 기법으로 이해되고 있으며, 조직문화의 개선, 프로세스의 전문화, 커뮤니케이션의 효율화, 예산산정의 근거제시 등 경영전반에서 매우 다양하게 활용되고 있다. 조직의 프로세스를 타 기업과 비교, 분석하여 지속적인 학습 및 개선을 통해 기업간 격차를 줄이기 위한 유용한 방법이다.

여기에서 묘미는 그 기준점으로서 대상을 어떤 기업으로 설정하느냐이다. 일반적으로는 동종업계의 성공적인 기업을 그 대상으로 한다. 그런데 기업의 경쟁전략에서는 이것만으로는 그 업계의 최고 기업이 되기 힘들기 때문에, 이종업계까지 최고의 기업들로 그 대상을 넓히는 것을 강조한다. 항공사들이 기내서비스를 동종업계의 다른 항공사가 아닌 이종업계인 특급 호텔의 최고 서비스를 벤치마킹하는 것이 그 예이다. 또 국내에서 김밥나라가 경쟁업체인 김밥천국이나 김가네가 아닌 스타벅스와 같은 커피전문점을 벤치마킹하여 매장분위기를 카페이미지로 바꾸어 분식점이미지를 탈피하려했던 것도 이에 해당된다. 그래서 이런 경우에는 '벤치마킹'을 '경영파괴'라고 해석하기도 한다.

각 분야에서 이종업계까지를 포함한 최고의 모델들을 그 대상으로 하여 비즈니스모델을 개발하거나 개선하는 벤치마킹의 경우에는 유용성만큼 위험요소도 많다. 동종업계의 유사한 모델을 따라하는 것보다 많은 비용이 소요될 것이고, 결합과정에서 상당한 혼란이 발생할 수 있다. 또 대상이 되는 기업들과 같은 성공을 이끌어낼 수 있는지에 대해서도 단정할 수 없는 한계도 있다. 이러한 위험을 최소화하면서 상대적으로 상당히 우수한 비즈니스모델을 확보할 수 있는 접근이 되어야하고 이것이 조직에 잘 안착할 수 있도록 충분한 시간의 확보와 보다 신중한 결정을 필요로 한다.

'벤치마킹'은 그동안 다른 조직의 장점의 '모방'이나 이를 통한 '개선'이라는 의미로 주로 쓰여 왔는데, 이처럼 '경영혁신', '경영파괴'와 같이 차원을 달리하는 의미도 내포되어있다. 사회적 기업은 이점에 주목해야 한다. 기술기반이나 자본기반의 비즈니스모델을 개발하기 어려운 환경에서 이에 버금가는, 아니 이를 능가할 수 있는 비즈니스모델과 솔루션을 벤치마킹을 통해 확보할 수 있기 때문이다.

6 네트워킹을 통해 경쟁력을 강화하라

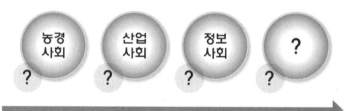

새로운 사회변화와 네트워킹
→ 사회적기업의 역할과 중요성

농경
사회 ?

산업
사회 ?

정보
사회 ?

? ?

자본주의 경제에 대한 보완과 성장의 열쇠
미래지향적 경제(the 4th sector)

과거 자본중심의 사회에서 사회적경제가 그리 주목받지 못한 것과 달리, '사람의 가치'가 중심이 되는 융합사회에서는 사회적경제와 사회적기업이 크게 주목받게 될 것이다. 사회적기업들은 이러한 사회변화에 잘 적응하고 변화된 환경에서 성장을 위한 새로운 기회를 만들어야 한다. 네트워킹은 자원을 연계하고, 사람들을 사회문제해결에 참여시키며, 솔루션들을 결합시키고, 사회적소비자들의 네트워크를 만드는 사회적기업 경영전반의 핵심활동이다. 새로운 사회변화에서 네트워킹은 핵심경쟁력이 된다.

새로운 사회로의 변화 : 융합사회

인류는 수렵채취사회 → 농경사회 → 산업사회 → 정보사회로 진화하여 왔다. 이러한 사회의 진화과정에는 생산성과 생산력의 변화를 가져온 중요한 단초들이 있었다. 수렵채취사회에서 인류는 '씨앗'의 발견으로 같은 종자를 배양할 수 있는 기술을 알게 되었고 정착을 통해 농경사회로 진입했다. '증기기관'의 발명은 인간의 노동력을 기계력으로 대체하면서 산업사회를 열었다. 퍼스널컴퓨터(PC)의 보급과 더불어 'world wide web (www)'의 개발과 확산은 인류를 지금의 정보사회로 진입시켰다. 이렇듯 각 사회의 진화과정에는 '씨앗'의 발견, '증기기관'의 발명, 'www'의 개발 등과 같이 새로운 사회를 열게 한 중요한 단초들이 있었다. 그리고 이제 또 다른 새로운 사회로의 진화를 준비하고 있다.

지금 인류는 '제4의 물결'이라 불리는 '융합사회'라는 새로운 사회를 맞이하고 있다. 아직은 인류가 맞이하고 있는 새로운 사회에 대해 논란이 분분하지만, 적어도 세계적인 흐름은 '융합'이라는 키워드로 모아지고 있는 듯하다. 그래서 필자는 지금 이 시대를 '융합사회'라고 수년전부터 명명하여 왔다. 여기에서 중요한 것은, 그동안 각 사회의 진화에 중요한 단초가 있었듯이, '융합사회'를 열게 한 단초는 무엇이냐이다. 이 역시 논란의 여지가 있겠지만, 필자의 답은 '네트워킹'이다.

우리가 맞이하고 있는 융합사회에서는 문자 그대로 무언가 '융합'이 된다는 것이 중요한 이슈가 된다. 여기에서 네트워킹은 '융합사회'를 열어가고 있는 중요한 단초로서, 유형의 그 무엇이 아닌 무형의 가치를 융합하며, 우리를 지금까지의 '물질문명사회'를 '가치문명사회'로 이끌어가고 있다. 과거에도 여러 가지 형태의 융합이 수없이 존재했었겠지만, 굳이 이 시대를 융합사회라고 하는 것에는 분명한 이유가 있다. 과거의 융합은 자본, 기술 등 물질이 중심이었다면, 지금의 융합은 사람과 사람의 문제에 관련된 가치가 중심이 되고 있기 때문이다. 융합사회에서는 '사람의 가치'가 융합의 공통분모가 되고 있다. 융합사회는 지금까지의 사회변화와 그 본질을 달리하고 있는 것이다.

융합사회에서는 지금까지 인류가 이룩해 온 문명의 이기들이 사람의 가치를 높이고 사람의 문제를 해결하기 위해 융합된다. 이러한 가치가 기술력이나 정보력을 능가하는 새로운 생산성으로 인정되는 사회는 분명히 인류의 새로운 진보이다. 사회적기업이 꿈꾸는 사회변화의 모습이기도 하다. 융합사회가 추구하는 가치와 사회적기업이 추구하는 가치는 본질적으로 그 맥을 같이하고 있다는 것이 필자의 생각이다. 필자의 생각이 틀리지 않다면, 과거 자본중심의 사회에서 사회적경제가 그리 주목받지 못한 것과 달리, '사람의 가치'가 중심이 되는 융합사회에서는 사회적경제와 사회적기업이 크게 주목받게 될 것이다.

필자는 사회적기업측면에서 '융합'이란 '사회적 결핍을 해결하기 위한 다양한 솔루션들의 결합'이라고 정의한다. 사회적기업은 융합사회를 주도할 수 있는 경제조직으로 거듭나야 한다. 이를 위해 융합의 본질을 알아야 하고, 이에 대한 능력을 길러야 한다. 융합사회에서는 융합기술과 이에 상응하는 융합능력이 개인, 조직, 국가의 경쟁력이 된다. 사회적기업은 네트워킹이라는 융합의 핵심기술을 보유한 전문가집단으로 자리매김 할 수 있어야 한다.

네트워킹이 만드는 사회변화

네트워킹이 크게 주목받기 시작한 것은, 정보화 사회로 진입한 이후의 일이다. 정보화 사회에서 정보의 소통과 공유가 편리하고 자유로워지면서 여러 개인들이 횡적으로 연결되기 시작하였고, 이들이 스스로 커뮤니티와 같은 조직을 온오프라인에서 만들어가기 시작했으며, 이것들이 연결고리가 되어 이제까지 연관성이 없었던 불특정한 개인들의 광범위한 연결을 더욱 촉진하여 그전에는 볼 수 없었던 다양하고 새로운 거대한 변화를 만들고 있다. '네트워킹'은 이러한 일련의 과정에서 '각 주체들이 연결되는 총체적 현상'이다.

이러한 사회의 변화에서 주목해야 할 것은, 불특정한 개인들의 다양하고 광범위한 연결을 통해 그전에는 볼 수 없었던 새로운 형태의 거대한 움직임으로서 네트워크_network가 만들어지고 있다는 것이다. 개인과 조직 그리고 기업들이 여러 종류의 생각, 이슈, 사업들이 횡적으로 연결되어 네트워크가 만들어지는 이유는 '가치의 공유'이다. 기존의 커뮤니티가 '공통의 관심'에 기반을 두었다면, 새로운 네트워크는 '가치의 공유'에 기반을 두며 또한 이것을 목표로 한다. 다양한 '가치의 공유'를 위해서 새로운 형태의 네트워크들이 광범위하게 만들어지고 또 연결되고 있는 것이다. 이것이 최근의 중요한 흐름이다.

네트워킹은 지역, 환경, 의료, 자원, 교육, 성장 등 다양한 영역에서 가치의 공유를 통해 불특정 개인들을 네트워크로 모아내는 역할을 한다. 가치의 공유를 기반으로 하는 네트워킹은 인간과 인간의 질적인 사회관계로서 신뢰에 기반을 둔 상호관계 속에서 다양한 사회문제들을 해결하는 것을 그 목표로 한다. 이것은 사회적기업이 지향하는 가치와 목표와 정확하게 일치하고 있다. 이 지점이 중요하다. 사회적기업은 네트워킹의 중심이며 핵심 연결점으로서 그 역할을 요구받고 있는 것이다. 이러한 상황변화는 사회적기업에게는 새로운 기회가 될 것이 분명하다. 이러한 변화에 가장 적합한 조직으로서 사회적기업의 역할과 가능성이 크게 부각되고 있는 것이다.

사회적기업들은 네트워킹이 만들고 있는 사회변화에 적응하여 이러한 환경을 잘 활용하고 변화를 주도할 수 있어야 한다. 그래서 사회적기업의 성장을 위한 새로운 기회로 만들어야 한다. 사회적기업에서 네트워킹이 필요한 이유는 분명하다. 사회적기업과 불특정 사회적소비자를 결합시키는 것이다. 이것은 광범위하면서도 높은 밀도의 관계를 목표로 한다. 물론, 네트워킹 없이도 훌륭한 비즈니스모델을 가지고 성장할 수도 있다. 하지만 더 큰 성장을 원한다면, 네트워킹을 통해 확장성을 확보하고 이를 통해 새로운 비즈니스에 끊임없이 도전해야 한다.

네트워킹을 사업을 더 잘하기 위한 하나의 도구정도로 단순히 생각해서는 안 된다. 사회적기업에서 네트워킹이란 자원을 연계하고, 사람들을 참여시키며, 솔루션들을 결합시키고 사회적소비자들의 네트워크를 만드는 일련의 과정으로서 사회적기업 경영전반을 관통하는 핵심활동이다. 네트워킹을 통해 더 빠르게 기회를 선점하고, 환경변화에 대응하여 보다 많은 대안들을 갖추며, 비즈니스 이슈들을 명확히 하여 차별적인 기업경쟁력을 만들어야 한다. 일반기업의 기업 활동은 한마디로 '비즈니스'라고 하듯, 사회적기업의 경영활동 전반은 '네트워킹'이라는 단어로 함축되고 요약될 수 있다. 최근 성장하고 있는 사회적기업들은 급속하게 네트워킹 중심의 기업으로 변신하고 있다는 것에 주목해야 한다.

서울 강남에 위치한 서울형 예비사회적기업 '좋은날'은 스몰웨딩 전문업체로서 천편일률적인 고비용 결혼의 문제를 해결하기 위한 사회적 목적을 전통혼례, 리마인드웨딩, 에코웨딩 등을 통해 실현하고 있다. 이를 위해 좋은날은 가치제안을 통해 남산한옥마을, 국립중앙박물관, 서울시청 시민청, 굿모닝하우스, 양

재시민의 숲 등에 협력업체로 등록하는 등 스몰웨딩을 위한 공간을 확보해 가고 있다. 이러한 공간을 확보해 가는데 네트워킹을 적절히 활용하여 큰 힘을 보태고 있다. 좋은날은 결혼식에 필요한 사진, 드레스, 메이크업, 식사 등을 사회적경제조직들과 연결하여 협업을 통해 적정한 가격에 공급하여 고비용 결혼의 문제를 해결하고 있다. 또한 일상생활에서 사용가능한 웨딩드레스 개발, 웨딩플라워의 재활용, 캐더링업체와 푸드뱅크 연계, 이주여성들을 위한 전통혼례 등 결혼의 새로운 사회적 가치를 창출하면서 결혼과 관련된 다양한 사회문제를 해결하는 웨딩전문 플랫폼으로 성장하고 있다. 여기에서 네트워킹이 사회적 성과뿐만 아니라 경제적 성과를 견인하고 있다.

사회적기업가육성사업을 통해 창업한지 1년밖에 안된 '좋은날'이 한국에서 대표적으로 고착화된 산업구조를 가진 결혼산업분야에서 향후 어떤 변화를 만들어낼지 기대되며 그 미래가 자못 궁금하다.

네트워킹의 본질과 지향점

사회적기업 영역에서는 네트워킹의 중요성이 항상 강조되어 왔다. 그래서 많은 사회적기업들이 네트워킹의 중요성을 인식하고 이에 많은 시간과 노력을 투자해 오고 있다. 그러나 대부분 네트워킹에 실패하고 있고, 당연히 이를 통한 성과도 미미하다. 사회적기업들이 네트워킹에 대한 본질을 잘못 이해하고 있고,

준비도 미흡하다는 것이 필자의 판단이다.

아직까지 사회적기업영역에서 네트워킹하면 떠오르는 단어가
우선 '인맥'이다. 명함 관리부터 소셜 네트워크 활용까지 사업
에 필요한 두터운 인맥을 만들기 위해 인맥을 유지, 발전시키
는 방법과 중요성에 대해 귀가 따가울 정도로 들어 왔을 것이
다. 그래서 네트워킹이란 사업에 필요한 두터운 인맥을 형성하
는 것으로 이해되어져 왔다. 그러나 전통적인 의미에서의 인맥
형성과 지금까지 설명한 네트워킹은 거의 다른 개념이다! 전화
가 걸려올 때 이름이 뜨는 핸드폰 속의 사람들만을 소위 '인맥'
이라고 생각해서는 곤란하다. 네트워킹이 만드는 '초연결성'사
회에서는 인맥에 대한 개념이 확장되어야 하며, 네트워킹에 대
한 인식도 달라져야 한다.

또한 기존의 전통적인 인맥형성과정도 달라져야 한다. 그전에
알던 사람들을 통해 소개로 만나고 형성되던 오프라인 방식에
서, 자신도 전혀 모르던 사람들을 통해서 또 다른 모르는 사람
들을 연결하는 온라인 방식으로 인맥형성 방식이 크게 바뀌고
있다. 이미 구글, 네이버와 같은 검색엔진을 통해 업무상 필요
한 사람이나 기업들을 만나는 것은 이제 일상화되었다. 또 페
이스북, 블로그, 카카오스토리, 유투브 등에는 만나야 될 사람
들과 필요한 정보들이 넘쳐나고 있다. 아직도 "그래도 중요한
인맥은 오프라인에서 형성된다."는 낡은 생각을 가지고 있다면
이제 버려야 된다.

사회적기업에 필요한 네트워킹은 어떻게 시작되는가? 근사한 사회적 목적을 만들고, 취약계층을 고용하고. 사회서비스 실적을 만들고… 이것을 웹사이트에 잘 정리해 놓는다고 해서 필요한 네트워킹이 원활하게 이루어 질 것이라고 생각해서는 안 된다. 비즈니스를 소셜로 포장한다고 해서 결코 네트워킹의 강자가 될 수는 없다.

네트워킹을 성공적으로 수행하기 위해서는, 우선 네트워킹에 대한 접근방법이 달라져야 한다. 상대방을 자신에게 연결시키는 것이 아니고, 자신을 상대방에게 연결시킨다는 개념에서의 접근이 필요하다. 한마디로 네트워킹을 통해 뭔가 얻으려고만 하지 말고, 자신이 먼저 사회적으로 필요한 존재가 되어야 한다는 것이다. 이를 위해서 먼저 자신의 현재 상황을 철저히 점검해야 한다. 자신의 정체성을 파악하고 이를 분명하게 하는 것이다. 자신의 정체성을 구성하는 사회적 목적, 솔루션, 비즈니스모델 등을 통해 지향하는 가치가 명확하게 전달되어 공유될 수 있어야 한다. 이것을 '가치제안'이라고 한다. 가치제안을 통해 자신의 솔루션이 사회로 공급될 때, 그 가치에 동의하는 사회적 협력자들이 만들어지며, 그 문제를 해결하는데 필요한 자원들을 사회로부터 훨씬 용이하게 공급받을 수 있게 된다.

다음으로 네트워킹에도 준비와 설계가 필요하다. 네트워킹이 지향하는 세부목표들을 명확히 하는 것이다. 그래야 네트워킹을 통해 얻을 수 있는 핵심자원들을 명확하게 선별할 수 있게 된다. 자신의 정체성이 솔루션으로 표현되듯이, 네트워킹이 지향하는 세부목표들은 솔루션에 집중된다. 네트워킹은 솔루션의 결합을 본질로 한다는 것이다. 실제 필요로 하는 자원들은 직접적으로 얻어지지 않고, 주로 사회문제해결과정에서 솔루션과의 결합을 통해 얻어진다. 솔루션이 전제되지 않으면 네트워킹을 통한 성과는 기대하기 힘들다. 결국 네트워킹을 설계한다는 것은 필요한 솔루션을 구성하고 기획하는 것이라고 요약된다.

마지막으로 효율적인 네트워킹을 위해서는 가치전달을 위한 채널_channel이 중요하다. 네트워킹은 가치의 공유를 통해 만들어지기 때문에 효율적이고 효과적으로 가치가 전달될 수 있는 경로가 잘 준비되고 설계되어야 한다, 여기에는 네트워킹데이, 소셜다이닝, 커뮤니티미팅 등 오프라인채널과 블로그나 페이스북 같은 온라인채널이 대표적이다. 특히, 최근에는 페이스북과 같은 SNS의 중요성이 점점 커져가고 있다. 또 네트워킹은 사회적기업의 전사적 목표로서 추구하는 가치와 일치되는 것이 중요하기 때문에, 제품이나 서비스를 중요한 가치전달도구로 잘 활용해야 하고, 광고나 홍보 그리고 주요 프로세스에 이를 녹여내는 것도 필요하다. 이러한 다양한 채널의 활용에서는 가치와 정체성을 명확히 할 수 있는 일관되고 전략적인 접근이 필요하다.

사회적 협업

네트워킹의 1차적인 목표는 조직의 경계를 뛰어넘어 솔루션을 강화하고 새롭게 혁신하는 것이다. 과거에는 이것을 조직 내에서 수행했다면, 이제는 조직 내부뿐만 아니라 소비자, 수혜자, 공급자, 협력자 그리고 심지어 경쟁사까지 포함하는 외부와의 네트워킹을 통해 이것을 추구한다. 이제 더 이상 사회적기업을 단순히 내부참여자들의 집합체인 하나의 개별조직으로 보아서는 안 된다. 사회적기업은 사회적 네트워크로서 사회적 관계들의 집합체인 것이다.

사회적 협업은 사회를 구성하는 주체들이 사회문제를 해결이라는 공동의 사회적 목적을 가지고 각자의 솔루션과 자원을 결합하여 연대와 협동을 통해 공동의 사회적 가치를 만드는 것이다. 우리사회에는 해결하지 못하고 있는 중대하고 심각한 사회적 결핍들이 산적해 있다. 어느 개인이나 조직은 물론이고 심지어 정부조차 단독으로는 해결하기 힘든 문제들도 수두룩하다. 사실, 사회적기업이 추구하는 사회적 목적은 본질적으로 사회적 협업 없이는 해결할 수 없는 사회문제들이 대부분이다. 가치있고 중요한 사회문제일수록 더욱 그렇다.

사회적 협업의 대상자들은 사회구성주체들로서 정부, 지자체, 기업, 기관, 단체 및 개인들이다. 이들은 공동의 사회적 목적을 통해 문제해결과정에 결합된 사회적 협력자로서 사회적소비자로 분류된다. 사회적기업은 '가치제안'을 통해 사회적소비자들을 만들고 확대하며 이들을 사회적 협력자들을 규합할 수 있어야 보다 효율적으로 사회문제들을 해결해 갈 수 있다. 사회적기업은 이러한 관계들의 연결거점으로서 사회적 협업의 구심점이 되어야 한다, 그래야 문제해결과정에서 더 나은 대안을 찾을 수 있고, 더 나은 성과를 거둘 수 있다.

사회적기업의 궁극적인 목표가 사회문제해결을 통한 사회변화에 있다면, 결국 네트워킹을 통한 사회적 협업이 없이는 목표달성이 불가능하게 될 수도 있다. 사회적기업가들은 개인이나 개별 기업중심의 편협한 사고와 관점을 버리고 사회전체를 하나의 유기체로 바라보고 사회전체와 자신의 조직을 연결하는 큰 그림을 그려낼 수 있어야 한다. 이것이 실현 될 때 기존의 경쟁적 사회구조를 넘어 광범위한 연대와 협력이 수반된 상생을 위한 사회변화를 만들 수 있게 된다. 이것이 사회적기업이 중심이 되어 주도하게 될 네트워킹을 통한 미래사회의 청사진이다.

사회적기업간 협업

사회적 협업에서 사회문제해결의 직접적인 수행자들인 사회적기업간의 협업은 더욱 특별한 의미를 갖는다. 일반기업들도 전략적 제휴, 공동마케팅 등 다양한 형태의 협업을 하고 있고 이를 매우 중요한 경영활동으로 다루고 있다. 사회적기업간 협업은 단지 경제적 목적만을 위해 결합하는 것이 아니고, 솔루션과 자원을 결합하여 공동으로 사회문제를 해결하면서 시장을 확대한다는 점에서 자본형 기업들의 협업과 중요한 차이점이 있다. 사회적기업 영역에서 업종별네트워크, 공동프로젝트사업 등이 대표적인 사회적기업간 협업사업들이다.

사회적기업에 있어서 사회적기업간 협업은 선택이 아닌 필수이다. 시장에서의 생존과 성장을 위한 핵심활동인 것이다. 그런데 이것이 사회적기업 영역에서 활성화되지 못하고 있다. 여러 가지 이유가 있겠지만, 역시 문제는 솔루션이다. 솔루션이 약하다 보니 협업의 시너지와 효용을 만들어 내지 못하고 이것이 다시 협업을 위축시키는 악순환이 계속되고 있다. 또 우리사회 풍토에서 동업이나 협업을 선호하는 문화가 약하다는 것도 하나의 중요한 이유이다. 사회적기업 네트워크로서 당사자조직이 결성되어 노력하고 있지만, 이렇다 할 성과를 만들어내지 못하고 있는 것이 오늘의 현실이다.

사회적기업간 협업은 참여조직 각각의 사회적, 경제적 목적을 하나의 공동의 목적으로 통합해 내는 것이 관건이 된다. 그런데 이것이 어려운 것은 사회적기업간 협업에 참여하는 사회적기업들이 협업의 시너지가 나올 때까지 어느 정도의 희생을 감수해야하기 때문이다. 협업사업도 안정화단계에 올라설 때까지 어느 정도의 출혈과 인대가 절대적으로 필요하다. 이 지점을 극복해야 하는데 이것이 힘들다. 성공적인 협업의 성과와 사례들이 만들고, 이것이 또 다른 협업을 견인하는 선순환을 만들 때까지 당사자들의 인내와 노력이 절실하다. 물론, 이를 위해서 사회적기업간 협업에 대한 지원제도가 대폭 확대, 보완될 필요가 있겠고, 협업을 위한 좋은 사업거리들이 다양하게 발굴 되는 것도 필요할 것이다.

사회적기업간 협업은 새로운 시장을 만드는 새로운 관점과 접근방식을 제공한다. 시장에서 사회적 가치를 기반으로 한 새로운 시장을 개척하고 이를 통해 시장의 판도를 바꾸는 유용한 수단이 된다는 것이다. 사회적기업간 협업이 사회적기업의 궁극적인 목표인 사회변화를 주도할 수 있다. 이것은 시장에서 사회적 가치를 인식하는 소비자들을 결속시키는 네트워킹의 일환으로 진행되어야 한다. 단순한 기능의 물리적 결합을 넘어 공동의 목적이라는 화학적 결합을 통해 시장에서 새로운 가치를 창출하고 이를 통해 새로운 시장을 만드는 것이다. 당연히 개별 사회적기업보다는 여러 사회적기업들의 협업으로 수행하는 것이 훨씬 수월하다. 다양한 사회적기업간 협업을 통해 소비자 네트워크를 확대함으로써 개별 사회적기업이 만들어 내기 힘든 규모의 경제, 범위의 경제를 만들고 여기에서 새로운 시장 기회를 찾는 것이다.

사회적기업간 협업에는 참여기업의 범위와 질이 중요하다. 참여하는 조직이 늘어나고 다양해질수록 해결해야 할 문제도 많아지고 변화의 기회도 더 늘어나게 되며 새로운 시장기회도 더욱 확대된다.

서울 용산구에 위치한 사회적기업 '송지'는 유치원 등 영유아보육시설에 천기저귀를 공급하고 이를 수거하여 세탁하고 다시 공급하는 사업을 수행하였다. 천기저귀는 1회용 종이기저귀보다 어린아이들의 감수성, 창의성을 더욱 증진시킨다는 유의한 연구결과가 있고 어린아이들의 피부에도 좋다고 한다. 뿐만 아니라 1회용 기저귀의 낭비를 막고 환경보존에도 일익을 한다. 다만, 서울시의 재정보조로 진행되던 이 사업은 서울시의 이해할 수 없는 행정처리로 현재 중단되어 있어 안타까움을 사고 있다. 서울시에서 재논의를 통해 이 사업이 반드시 다시 시행되기를 바란다.

한편, 송지는 2015년부터 사회적기업진흥원 업종별네트워크사업의 일환으로 출산용품세트 '잇'을 출시하여 판매하고 있다. 그동안 업종별네트워크사업은 동일업종의 사회적기업들이 모여 주로 공동마케팅을 진행하는 것이 주된 내용이었는데, 출산용품세트 '잇'은 송지(천기저귀)와 더불어 호오생활(SI제작), 드림미즈(온라인 마케팅), 목화송이(가방), 제너럴바이오(베이비로션), 생각나눔소(기획), 세진플러스(가디건) 등 다양한 이종 사회적기업들이 공동의 사회적 목적을 위해 뭉쳤다는 것이 이채롭고, 사회적기업간 협업의 모범사례가 되고 있다.

혁신

7 사회적 가치를 사회적으로 마케팅 하라

마케팅 vs. 네트워킹

제품(product) vs. 소셜 아이템
가격(price) vs. 사회적 효용
유통(place) vs. 소셜 채널
촉진(promotion) vs. 소셜 임팩트

네트워킹이 자본형 마케팅의 효율을 극복할 수 있는가?

사회적기업의 마케팅은 '사회적'이어야 한다. 사회적기업은 사회구성원들을 사회적소비자로 인식하고, 사회적 목적 실현에 이들의 광범위한 참여를 핵심 목표로 한다. 사회적소비자를 만들고 확대하는 것은 일반적인 마케팅으로는 한계가 있기 때문에 접근방법을 달리해야 한다. 사회적기업의 마케팅은 일반기업의 '마케팅'보다는 '네트워킹'의 일환으로 접근하는 것이 그 효과를 극대화할 수 있다. 사회적기업의 마케팅은 네트워킹을 효과적으로 수행할 수 있도록 그 목적, 수행방법, 내용이 '사회적'으로 달라져야 한다.

마케팅과 가치제안

기업의 경영전반은 소비자를 만드는 '마케팅_marketing'에 집중되어 있다. 기업의 핵심활동으로서 마케팅은 '시장에서 기업이 제공하는 가치에 동의하는 충성된 소비자를 지속적으로 확대하고, 궁극적으로 이들의 요구와 기업의 목표가 일치되도록 하는 경영활동'이다.

마케팅의 개념에는 '가치에 동의', '충성된 소비자', '지속적인 확대', '기업의 목표와 일치'라는 핵심 키워드들이 포함되어 있다. 이들은 매우 밀접한 관련성 속에서 서로 영향을 미치는 마케팅의 세부목표들이다. 또 이것은 '성공적인 마케팅'의 필요충분조건이기도 하다. 기업이 제공하는 가치에 동의가 전제되지 않으면 충성된 소비자는 존재할 수 없으며, 충성된 소비자가 없이는 소비자들의 지속적인 확대가 불가능하고 그리고 이것이 기업의 목표와 일치되지 않는다면 성공적인 마케팅은 결코 기대할 수 없다.

'가치제안_value proposition'은 마케팅의 세부목표들이 지향하는 '동의', '충성', '지속과 확대', '일치' 등과 관련된 소비자들의 긍정적인 행동을 이끌어내고 이를 반복, 지속, 순환시키는 것을 목표로 하는 기업의 핵심활동이다. 이를 위해 기업들은 광고나 홍보와 같은 마케팅활동을 수행하며 여기에 막대한 비용을 투입한다. 이러한 마케팅활동에서 기업들은 자신들이 추구하는 가치를 소비자들에게 전달하기 위한 일련의 모든 활동들은 본질적으로 가치제안에 그 초점이 맞추어져 있다.

/ 어떤 가치를 전달할 것인가?

가치제안은 기업이 제품과 서비스를 통해 제공하고자 하는 가치에 대한 소비자들과의 약속이다. 따라서 성공적인 가치제안을 위해서는 먼저 소비자들이 신뢰하고 동의할 수 있는 가치가 전제되어야 한다. 일반적으로 가치제안에는 주로 자신이 제공하는 '상품을 통한 편익'이 요약되고 함축된다. 상품을 통한 편익에는 상품의 가격, 품질, 다양성, 전달경로, 고객지향성 등에 있어서 기업이 제공할 수 있는 경쟁력, 신뢰성, 혁신능력, 차별성, 고객맞춤이나 새로운 가치에 대한 지속적인 창출능력과 같은 특별한 가치들이 중요한 내용으로 구성된다. 기업들은 시장에서 끊임없이 새로운 가치들을 창출해 내야하며, 지속적인 가치제안을 통해 소비자들로부터 굳건한 신뢰를 얻을 수 있어야 한다.

'marketing'이라는 단어가 'market'+'ing'로 구성됨에서 알 수 있듯이, 마케팅을 수행하는 기업은 소비자를 통해 시장을 만들며 또 시장을 통해 소비자를 만드는 항상 '시장과 함께'하는 존재이다. 가치제안을 통해 시장에서 소비자에게 끊임없이 가치를 전달하며 '시장과 함께'하는 것이다. 이 과정에서 어떤 기업의 이미지, 정체성, 호감도, 수준 등 기업의 시장가치는 가치제안에 대한 소비자들의 인식을 통해 결정된다. 가치제안은 경영활동의 수준을 예측할 수 있는 주요 지표가 되며, 어떤 기업의 기업가치와 상품에 대한 시장 경쟁력을 판단하는 기준으로서 경영성과를 예측하는 중요한 근거가 되기도 한다. 가치제안을 통해 기업의 가치가 집약되어 전달되어 소비자들에게 인식되기 시작하면 그 이미지와 인식을 다시 바꾸기 힘들기 때문에 이에 대한 시장에서의 매우 신중한 접근이 필요하다.

사회적기업의 진정한 사회적 정체성은 가치제안에 어떤 가치를 담느냐에 따라 결정된다. 때로는 이것이 시장에서 사회적기업과 일반기업을 구분하는 기준이 되기도 한다. 사회적기업은 마케팅이 지향하는 목표를 넘어 사회문제해결이나 사회변화와 같이 일반기업과는 차원을 달리하는 가치와 목표를 추구한다. 소비자들의 '필요'가 아닌, '결핍'에 초점이 맞추어져 있다. 가치제안의 내용이 본질적으로 다르다는 것이다. 사회적기업의 마케팅의 목표는 가치제안에 사회구성원들이 동의할 수 있는 사회적 목적에 대한 가치를 담아, 충성된 소비자로서 사회적소비자를 지속적으로 확대하고, 이들을 사회적 목적의 실현과정에 적극적으로 참여시켜, 긍정적인 사회변화라는 궁극적인 목표에 도달하는 것이다.

최근 일반기업들도 가치제안에 제품과 서비스를 통한 편익 그 이상의 가치를 포함시키는 것이 추세이다. 이것이 궁극적으로 마케팅의 효과를 더욱 상승시키기 때문이다. 그래서 자신들의 가치제안에 사회적경제가 다루고 있는 사회적 가치와의 결합을 지속적으로 확대하고 있다.

마케팅 Vs. 네트워킹

사회적기업의 마케팅은 사회구성원들에게 약속할 수 있는 사회적 목적에 대한 실현가치로서 사회적 효용을 핵심내용으로 한다. 또 이 과정에서 사회적소비자를 만드는 것을 핵심목표로 한다. 사회적기업의 소비자에는 일반 구매자는 물론이고 그 사회적기업이 추구하는 사회적 목적에 동의하고 이와 직·간접적으로 관련이 있는 다양한 이해관계자들로서 공무원, 대기업 CSR담당자 그리고 후원이나 기부자와 같은 사회적 협력자들이 사회적소비자로 존재한다. 이러한 사회적소비자를 만들고 확대하는 것은 일반적인 마케팅으로 접근하는 것만으로는 매우 어려운 일로서, 그 접근방법을 달리해야 한다. 이것이 사회적기업의 마케팅이 '사회적'이어야 하는 이유이다.

사회적기업은 사회구성원들을 일반적인 소비자뿐만 아니라 사회적소비자로 인식하고, 사회적 목적 실현에 이들의 광범위한 참여를 주요 목표로 한다. 이렇듯, 사회적소비자를 확대하기 위한 사회적기업의 마케팅은 일반기업의 '마케팅'보다는 '네트워킹'의 일환으로 인식되어야하고 이렇게 접근하는 것이 그 효과를 극대화할 수 있다. 네트워킹이 사회적기업 마케팅의 본질이 되고 있는 것이다. 따라서 사회적기업의 마케팅은 그 목적, 수행방법, 내용이 '사회적'으로 달라져야 한다.

제품_product. 가격_price, 유통_place, 촉진_promotion이라는 마케팅4P를 중심으로 일반기업은 마케팅의 전략과 실행계획을 수립한다. 그동안 다양한 마케팅 기법들이 개발되고 있지만, 본질적으로 이러한 4가지 영역을 벗어나기는 힘들다. 자본형 기업들은 이를 기반으로 제품전략, 가격전략, 유통전략, 홍보전략 등 다양한 전략을 수립하고 이를 통해 마케팅 활동을 수행한다. 그런데 사회적기업들은 이에 대한 접근과 관점을 '사회적'으로 달리해 볼 필요가 있다.

/ 네트워킹이 마케팅의 효율을 극복할 수 있는가?

사회적기업의 마케팅에서는 ① 제품은 소셜 아이템으로 대체될 수 있다. 일반기업들은 소비자들의 필요를 포착해서 이에 부응하는 제품을 만들지만 사회적기업은 사람들의 결핍을 해결하기 위해 제품을 만든다. 사회적기업의 제품을 소셜 아이템이라고 하는 것은 사회문제를 해결하기 위한 솔루션이기 때문이다. ② 가격은 사회적 효용으로 대체될 수 있다. 일반적인 소비자들은 제품을 통한 편익으로서 효용을 얻기 위해 비용을 지불하고 제품을 구매한다. 반면 사회적기업의 소비자들은 이와 더불어 사회문제해결을 통한 편익 즉 사회적 효용에 비용을 지불하고 제품을 구매한다. 같은 가격이거나 다소 더 비싸더라도 사회적 가치가 결합된 제품을 선호하는 것이다. ③ 유통은 소셜 채널을 통해 더 활성화될 수 있다. 소셜 채널이란 사회적소비자들이 비용을 지불하고 제품을 구매하는 통로이다. 이는 사회적 시장으로서 공공조달에서 우선구매, 장애인 연계고용, 대기업의 CSR·CSV협력, 공기업의 지정사회공헌, 저소득층에 대한 BOP 시장 등 사회적기업에게 특화된 시장이다. ④ 마지막으로 촉진은 소셜 임팩트로 대체할 수 있다. 소셜 임팩트는 사회적기업의 사회적 성과를 통한 사회적 가치가 사회구성원들에게 확산될 때 만들어지는 것으로서, 어떤 홍보방법보다 그 자체가 강력한 파급력을 지니고 있다.

이렇듯, 마케팅의 4P는 사회적기업에서 소셜 아이템, 사회적 효용, 소셜 채널, 소셜 임팩트라는 '사회적' 방식으로 달리 접근될 수 있다. 사회적기업은 이것을 통해 마케팅을 수행해야 한다. 사회적 가치는 네트워킹을 통해 사회적으로 마케팅 될 때 보다 효과적이다. 이것이 사회적기업의 경영전반과 연결되어 통합된 정체성으로 발현될 수 있을 때 사회적기업의 마케팅은 성공할 수 있다.

한 가지 첨언하면, '사회적으로 마케팅'이라는 말은 영어로 '소셜 마케팅'이라고 하면 간편한데, 우리나라에서 자주 언급되는 소셜 커머스나 소셜 마케팅 등에서의 '소셜'이라는 말은 '사회적'이라는 의미보다는 '온라인'이라는 의미가 쓰이고 있고, '소셜'이라는 고유의 의미나 가치를 충분히 담아내지 못하고 있다.

이것이 인식에 혼선을 줄 수 있기 때문에, 불편하지만 '사회적' 이라는 한글 용어를 쓰는 것이다.

CI & BI 그리고 SI

Corporate Identity(CI)와 Brend Identity(BI)는 주로 심벌이나 이미지 등으로 표현되며, 여기에 자신들의 정체성과 전달하고자 하는 가치를 함축시켜서 다른 기업들과 자신을 구별되도록 하는 마케팅의 핵심 수단이다. 여기에서 다른 기업들과 자신을 구별되도록 한다는 것은 기업의 차별적 경쟁력을 갖춘다는 의미이다. 어떤 경우에는 기업적 가치를 매출이나 순이익이 아닌, 소비자들에게 광범위하게 각인된 CI나 BI의 가치로 평가할 만큼 기업에 있어서 매우 중요한 자산이다.

기업들은 매력적인 자신만의 '기업의 정체성', '상품의 정체성' 을 만들기 위해 많은 시간과 비용을 투자하고 있다. 정체성이라는 것은 원래 잘 변하지 않는 본질적인 특성으로서, 경제·경영영역에서는 '기업이나 상품이 추구하는 가치의 함축'이라는 의미로 사용되고 있으며, 기업들은 이를 끊임없이 변화, 성장, 진화시키고 있다.

사회적기업도 CI와 BI를 만들고 이를 통해 시장을 공략하는 것은 마찬가지인데, 사회적기업이 이러한 정체성을 만드는 것은 일반기업보다 훨씬 복잡하고 어려운 과정을 필요로 한다. 일반기업과 달리 사회적기업에는 영리활동과 더불어 사회문제해결이라는 이질적인 미션이 혼재되어 있기 때문이다. 이들 미션이 서로 배타적으로 작용되지 않고 오히려 서로 시너지를 내기 위해서는 사회적 목적과 솔루션 그리고 이에 적합한 비즈니스모델이 조화롭게 결합되어야 하는 전제가 선행되어야 한다. 조화와 균형을 통한 비즈니스모델과 사회적 가치의 화학적 결합이 매우 중요하다는 것이다. 이것이 잘못 결합되면 정체성에 혼란을 야기하는 등 어려움에 직면할 수도 있다.

/ 무엇이 사회적 정체성이 되어야 하는가?

사회적기업의 정체성을 만드는 것은 단순히 심볼이나 이미지를 만드는 작업정도로 이해해서는 안 된다. 사회적기업이 추구하는 사회적 가치를 조직문화, 제품과 서비스, 주요 프로세스에 녹여 결합시켜야하는 매우 특별한 과정을 거쳐야 된다. 이러한 과정에서 소비자들이 이를 인식하여 사회적기업을 다른 자본형 기업들과 구분하게 하는 것이 '사회적 정체성_Social Identity (SI)'이다. SI에는 사회적기업의 추구하는 사회적 가치 전체가 함축되어 집약된다. SI는 사회적기업의 현재의 역할과 추구하는 가치 그리고 미래의 사회적 효용과 사회변화에 대한 청사진이며, '어떤 사회적 가치를 실현하는 기업'인가에 대해 소비자들이 갖는 공통된 인식이다.

마케팅으로 포장된 일반기업의 CI&BI와는 달리 사회적기업의 정체성에는 사회적 결핍과 사회문제해결에 대한 실천적 내용들이 가치로 담겨져야 한다. 따라서 SI는 주로 마케팅 슬로건과 같은 문구나 문장으로 만들어져서 CI&BI와 화학적으로 결합되어 하나의 통합적인 정체성으로 발현되는 것이 일반적이다. 분명한 것은 사회적기업에서는 SI가 CI&BI 못지않게 중요하다는 것이다. 아니, 어쩌면 사회적기업에서는 CI&BI보다 SI를 더 중요하게 취급해야 할지도 모른다.

우리는 삼성이나 LG의 심볼은 기억하지만 그들의 사회적 가치는 잘 모른다. 반대로 대단한 성공을 이룬 사회적기업 '탐스슈즈'의 CI나 심볼은 잘 기억하지 못하지만 그들의 '내일을 위한 신발_Shoes for Tomorrow'이라는 슬로건과 신발 한 켤레를 사면 신발 한 켤레가 제3세계 어린이들에게 1+1방식으로 기부된다는 것은 잘 알고 있다. 소비자들에게 무엇이 더 중요하게 인식되고 있는가? 소비자들은 탐스슈즈의 SI를 기억하고 그 가치에 주목하여 기꺼이 비용을 지불해고 제품을 구입하고 있는 것이다. 실제 이들은 신발이라는 제품을 구매하지만, 제품보다는 탐스슈즈가 제안하는 가치에 비용을 지불한다고도 볼 수 있다. 탐스슈즈의 성공에는 SI가 중요한 밑바탕이 되고 있다.

사회적기업의 사회적 정체성(SI)이 표현되고 소비자들에게 강하게 인식되기까지 심볼이나 이미지보다는 슬로건이 보다 효과적인 경우가 많다. 슬로건을 잘 활용하면 사회적 목적이 추구하는 실천적 가치를 집약해서 함축적으로 표현하여 소비자들에게 강한 인상을 심어줄 수 있다. 매우 간결하고, 담백하게 만들어서 추구하고자 하는 가치를 누구나 쉽게 이해할 수 있도록 하는 것이 중요하다.

필자는 2009년 청년실업자 커뮤니티인 전국백수연대와 함께 사회적기업 '독도쿠키'의 설립을 주도했었다. 독도가 우리의 땅임은 분명하지만 당시에는 변변한 관광상품도, 관련된 해양연구도 미미했고 정작 중요한 것은 독도가 우리의 땅이라는 것을 교과서에 명기하여 가르치지 못하고 있는 어처구니 없는 상황이었다. 실제 청년실업자와 장애인을 고용하여 독도모양의 쿠키를 제조하였고 이를 초등학교 등에 납품하였다. 이때 마케팅을 위해 독도쿠키의 사회적 정체성을 표현하는 슬로건이 '교과서 대신 독도쿠키를'이었다. 기업적으로는 성공을 거두지 못해서 아쉬움이 아직도 남아 있지만, 당시에는 상당한 반향을 일으킨 의미있는 사업이었다. 독도문제는 우리사회에서 아직도 중대한 사회적 결핍으로 남아있다.

서울 송파구에 위치한 '드림메이커'는 공정한 교육기회를 확대하며 사교육문제를 해결하려는 사회적 목적을 가진 서울형 예비사회적기업이다. 드림메이커는 최근 야심차게 온라인 쇼핑몰 '무궁화 꽃이 피었습니다(mukkopi.com)'를 오픈하였다. 이 쇼핑몰은 특이하게도 독도커피, 독도쿠키, 독도 포스트잇, 독도 텀블러, 강치마스코트 등 10종 내외의 독도 관련 상품만을 OEM으로 제작하여 주요 상품으로 판매하고 있다. 쇼핑몰 이름에서 이미 사회적 정체성이 느껴지겠지만… 전직대통령들의 구속 등 암울한 정치상황에 자존심이 상해있는 국민들에게 자긍심을 주고 소녀상, 독도문제 등으로 갈등관계에 있는 일본과 민간차원에서 상생적 해결점을 모색해 보자는 것이 소셜 미션이 되고 있다. 수익금은 독도관련 추가상품개발과 위안부할머니 지원 등에 쓰고 있다. 쇼핑몰 한편을 지키고 있는 로보트태권V가 눈길을 끈다. 개인적으로 독도문제에 관심이 많은 필자이기에 지속적으로 성장해서 큰 사회적 성과를 만들기를 응원하고 싶다.

이렇듯, 사회적기업의 소비자들에게는 CI&BI보다 SI가 더 중요하게 인식될 수 있다. 특히, 사회적소비자들의 경우에는 더욱 그렇다. 중요한 것은 SI에는 사회적 목적과 더불어 이에 대한 실천적 내용과 가치가 담겨야 한다는 것이다. 위의 사례들과 탐스슈즈의 1+1기부와 같이 구체적인 실천의 내용이 담겨있어야 소비자들에게 강한 소셜 임팩트를 만들 수 있다. 단지 사회적기업 로고를 상품에 붙이는 것만으로 SI가 만들어질 것으로 기대하면 곤란하다. CI&BI가 소비자들에게 각인될 때까지 상당한 비용과 시간이 필요하듯, SI를 구축하는 것도 상당한 시간과 노력을 기울여야 하는 것이다.

이제 사회적 정체성을 만들기 위한 첫 걸음으로 이를 위한 자신만의 슬로건을 만들어 보라. 꼭 사회적기업을 운영하고 있지 않더라도 개인으로서, 사회적소비자로서 자신만의 소셜 슬로건을 하나쯤 가지고 있는 것이 좋다. 참고로 필자는 개인적으로 아쇼카재단의 '변화를 만드는 사람_change maker'을 소셜 슬로건으로 사용하고 있다.

사회적기업의 SI는 가급적 외부에 의존하지 말고 조직 내부에서 스스로 만들어야 한다. 이것이 정체성 확립에 효과적이다. 사회적기업 조직내부에서 스스로 자신들의 정체성을 정의하고 사회적 목적에 대한 실천적 가치들을 함께 고민하는 과정이 무엇보다도 필요하다. 이를 통해 사회적 목적과 솔루션 그리고 비즈니스 모델을 실천적 가치에 입각해서 효율적으로 결합시키고 이를 일관되게 통일시킬 수 있을 때, 비로소 소비자들이 이를 정체성으로 받아들일 수 있게 된다. 또 이것은 소비자들과 보다 높은 밀도의 관계를 형성시키는 역할을 하기도 한다. 결국, 사회적기업으로서의 차별성과 경쟁력은 바로 이렇게 만들어진 강력한 SI를 바탕으로 확보될 수 있는 것이다.

사회적기업은 사회적 목적을 명확하게 정의하고, 일관되게 실행하며, 지속가능한 사회적 성과를 냄으로써 사회로부터 그 가치를 인정받는다. 이러한 과정이 효과적으로 지속될 때 더욱 강력한 SI를 가질 수 있게 된다. 사회적기업은 내부적으로나 외부적으로 그들이 추구하는 사회적 가치를 명확히 인식시키기 위해서 강력한 SI를 필요로 한다. 사회적기업은 SI를 통해 네트워킹의 범위와 질을 상승시키고 이것이 다시 SI를 더욱 강화시키는 선순환을 통해 시장과 소비자를 확대해 가는 사회적경제조직인 것이다.

'다름'이라는 차별적 경쟁력

사회적기업에게 시장경쟁에서 혁신을 통해 차별적 경쟁력을 갖는다는 것은 매우 중요한 문제인 반면, 매우 어려운 문제이기도 하다. 그런데 관점을 바꾸어 보면 의외로 쉽게 답을 얻을 수도 있다. 바로 '나음'이 아닌 '다름'이라는 관점이다. '최고', '최초'도 중요하지만, '다르다는 것'도 매우 중요한 차별적 경쟁력이다. 본질적으로 사회적기업은 자본형 기업들과 다른 존재이다. 단, 다르려면 제대로 달라야 하고, 이러한 분명한 '다름'에서 경쟁력을 만들고 이것을 마케팅해야 한다.

사회적기업은 '새로운 패러다임의 기업운영방식'이다. 일반기업은 마케팅 등 경영활동을 통해 영리를 추구한다. 반면, 사회적기업은 '사회적 목적의 실현과정에서 영리를 추구하는 경제조직'이다. 수익을 추구하는 방식 자체가 다르다. 사회적기업은 '사회적 목적'과 '영리 추구'라는 서로 어울리지 않는 두 가지 요소를 결합하여 경영활동을 수행한다는 점, 사회적 가치 창출을 통해 경제적 가치를 창출한다는 점, 사회적 가치추구를 기업의 설립이념으로 한다는 점에서 일반기업과 구분되는 새로운 패러다임의 기업운영방식이다. 이 자체가 기존 자본형 기업의 운영방식과는 구분되는 획기적인 '혁신'이다.

필자가 사회적기업이 '필요'가 아닌 '결핍'을 다루는 경제조직임을 강조하는 것도 자본형 기업들과의 '다름'을 강조하기 위해서다. 이것이 경쟁력이라는 것은 1장에서 구구절절이 강조했었다. 또 사회적기업의 소비자는 일반 구매자를 포함하여 그 사회적기업이 추구하는 사회적 목적에 동의하고 이와 직간접적으로 관련이 있는 다양한 이해관계자들로서 이들은 사회적소비자로서 일반 소비자와는 다르다. 앞서 설명한바와 같이 마케팅 활동도 '네트워킹' 방식으로 달리하고 있다. 네트워킹 방식의 접근에서는 제품은 소셜아이템으로, 가격은 사회적 효용으로, 유통은 소셜 채널로, 촉진은 소셜 임팩트로… 마케팅의 주요 요소들을 달리하고 있다. 그리고 사회적기업은 시장에 대한 관점, 소비자, 경쟁방식, 성과에 대한 평가방식도 일반기업과 다르다. 이러한 '다름'이 주는 차이점과 유용성을 명확하게 인식해야 한다.

결론적으로, 사회적기업의 '다름'이라는 차별적 경쟁력은 자본형 기업들의 한계와 문제점들을 뛰어넘어 이를 극복할 수 있는 대안경제 또는 대체적 경제로서의 위상을 가질 때 빛을 발할 수 있다. 사회적기업은 이러한 '다름'이라는 요소들이 차별적 경쟁력으로 전환되는 모멘텀을 만드는 것에 집중해야 한다. 그리고 앞서 언급했던 사회적기업의 사회적 정체성에 이를 농축시켜야 한다. 결국 사회적 정체성은 자본형기업과 사회적기업이 구분되는 핵심지점이 된다. 그래서 자본주의경제에서 사회적기업은 존재 그 자체가 경쟁력으로서 인식되어야 하고 또 사회적기업 스스로 그러한 존재가 되어야 한다.

소셜 채널을 통한 가치의 공유

'채널'이란 상품이 소비자와 만나고 전달되는 경로이다. 이와
더불어 사회적기업에게는 소셜 채널이라는 특별한 유통경로가
있다. '소셜 채널'은 상품과 사회적 가치가 결합된 소셜 아이템
이 소비자에게 전달되는 경로이다. 소셜 채널에서는 상품과 더
불어 사회적 가치, 솔루션, 사회적 효용 등이 유통된다. 사회적
기업은 일반적인 채널과 더불어 소셜 채널을 적절히 활용해서
자신들의 사회적 목적 실현과 관련된 가치를 효과적으로 확산
할 수 있다.

최근 소셜 채널로 주목받고 있는 것이 페이스북이다. 지난 몇
년간 사회변화의 핵심이슈는 '초연결성'이다. 페이스북과 같은
SNS를 통해 불특정한 개인들의 다양하고 광범위한 연결들이
만들어지고 있다. 이러한 초연결성 사회로의 변화는 기업의 경
영환경도 변화시키고 있다. 특히, 소비자와 시장에 대한 접근방
법도 완전히 달라지고 있다. 이제 세계에서 인구가 가장 많은
나라는 중국이 아닌, '페이스북'이라고 해야 한다. 무려 20억 명
이 넘는 사용자가 활동하고 있는 세계에서 가장 큰 시장으로
부상하고 있다. 페이스북을 상업용으로 쓰는 데에는 한계가 있
기 때문에 상품광고 등에는 부적절하지만, 자신들의 활동이나
사회적 가치 등을 확산하는 데에는 매우 유용하며, 이를 통해

광고 그 이상의 효과를 볼 수도 있다. 또 실명으로 가입해야 하기 때문에 실질적이고 실제적인 정보를 피드백 받는데에도 매우 유용하다.

사회적기업간 거래나 협업도 중요한 소셜 채널이다. 필자는 단순한 상품거래라도 사회적기업간 거래와 협업를 중요시하고 이를 강조해 왔다. 일반기업들보다는 아무래도 우호적이고, 서로 상부상조하여 전체 외형을 늘리는데도 이점이 있다. 중요한 것은 이러한 거래를 통해 서로의 솔루션을 확인하고 솔루션을 결합할 수 있는 협업의 접점을 만드는데 있다. 따라서 다양한 사회적기업들과의 거래를 통해 이러한 접점을 다원화하는 것이 필요하다. 이를 통해 사회적기업간 협업을 이끌어 낼 수 있다. 사회적기업간 협업은 선택이 아닌 필수이다. 시장에서의 생존과 성장을 위한 핵심활동인 것이다.

사회적기업간 협업은 공동의 노력을 통해 새로운 시장을 만드는 새로운 관점과 접근방식을 제공한다. 사회적기업은 일반 채널이나 시장에서 보다 협업을 통해 만드는 소셜 채널과 사회적 시장에서 훨씬 더 강점이 있다.

한국에서는 아직 활성화되지 못하고 있지만, 소셜 프랜차이즈도 매우 중요한 소셜 채널이다. 일반 프랜차이즈가 통일된 매뉴얼을 통해 가맹점을 확산하듯이, 소셜 프랜차이즈는 통일된 소셜 미션, 솔루션, 소셜 아이템을 통해 보다 강력하게 사회적 가치를 확산할 수 있다. 일반 프랜차이즈는 상표, 상품, 서비스 매뉴얼 등을 통일시키고 있는 반면, 소셜 프랜차이즈에서는 공동의 소셜 미션 아래 각 지역별, 수혜자별 특성에 따라 솔루션과 소셜 아이템이 변형되기도 한다. 어디까지나 소셜 프랜차이즈도 사회문제해결이라는 사회적 목적에 그 초점이 맞추어져 있기 때문이다. 소셜 프랜차이즈는 다양한 사회주체들간의 연대를 통해 지역적 한계를 넘어 사회적 목적의 광범위한 확산에 유용한 도전해 볼만한 사회적기업 사업영역이며, 소셜 채널로서 그 가치가 점점 부각되고 있다.

소셜 채널은 온·오프라인에서 다양한 형태로 만들어 지고 있다. 온라인에서는 소셜 클라우드펀딩을 위한 사회적 기업 '오마이컴퍼니', 공유로 기부하는 소셜벤처 '쉐어앤케어' 등이 소셜 채널로 활동하고 있으며, 오프라인에서는 사회적기업 '착한엄마', '페어스페이스' 등이 시민시장 개설을 통해 사회적기업 제품들과 소비자들의 접점을 늘려나가고 있다.

소셜 채널로서 시민시장은 주로 유휴공간이나 공공장소를 활용하여 개설되는데 참여하는 개인이나 소상공인들에게는 중요한 판로를 제공하게 되며 시민들에게는 새로운 볼거리, 즐길거리, 먹을거리 등을 제공하며 지역의 랜드마크가 되기도 한다. 대표적으로 서울밤도깨비야시장, 덕수궁페어샵, 청계시민시장, 수공길마켓, 옹스마켓 등이 있다.

한편 온라인에서 요즘 소셜 채널로 급부상하고 있는 소셜벤처 '쉐어앤케어'는 '세상을 바꾸는 #착한공유 #착한소비'를 모토로 하여 새로운 기부문화를 만들어가고 있다. 후원사의 공익활동을 공유기부 캠페인으로 확산시키고, 수혜자에게는 실질적인 도움을 준다. 공유기부란 유저가 캠페인을 페이스북 개인 담벼락에 공유하면 후원사가 공유당 1000원, 좋아요당 200원을 후원하는 것이다. 이때 기부금은 후원사가 전액 지불하기 때문에, SNS사용자는 본인 부담없이 기부에 참여할 수 있게 된다. 그리고 이러한 기부내역이 투명하게 공개되며 또 누구나 확인할 수 있도록 관리되고 있다.

쉐어앤케어는 SNS에 최적화된 컨텐츠제작을 통해 공익활동을 효과적으로 확산시킴으로써, 후원사는 비용대비 효과적인 이미지 제고를 할 수 있고, 수혜자는 실질적인 도움을 직접 받을 수 있다. 쉐어앤케어는 가장 쉬운 기부를 통해 새로운 사회적 가치를 창출하는 글로벌 소셜 기부 플랫폼으로서, 중요한 소셜 채널로 성장하고 있다.

8 사회적 효용으로 사회적소비자를 확대하라

사회적기업의 상품은 단순한 제품과 서비스가 아니고, 사회문제해결과 관련된 사회적 효용을 만들고 전달하는 솔루션이다. 따라서 기본적으로 사회적기업은 상품 그 자체의 '효용'과 더불어 사회문제해결에 대한 효용으로서 '사회적 효용'이 결합되어 있다.

사회적기업에는 제품과 서비스를 원하는 이유(목적), 비용의 지불방법, 구매 절차 등에서 효용을 달리하는 다양한 소비자들이 존재한다. 사회적 목적의 직접 대상이 되는 '수혜자', 제품과 서비스에 비용을 지불하는 '일반 구매자', 사회적 목적에 동의하는 공공, 대기업, 비영리부문, 후원자, 일반인 등 '사회적 협력자' 등이다.

효용… 그리고 사회적 효용

소비자란 간단하게 '제품과 서비스의 구매자'로 정의될 수 있다. 소비자는 비용을 지불하여 제품과 서비스로서 상품을 구매하고 이를 통해 '효용_utility'을 얻는 소비의 주체이다. 여기에서 '효용'이라는 용어에 주목해야 한다. '효용'은 소비자들이 '상품을 소비할 때 얻게 되는 편익에 대한 개인의 주관적인 만족도'를 의미한다. 이는 상품의 기획단계에서 소비자의 분류, 시장 세분화와 목표시장 설정, 전략수립 등에 이르기까지 마케팅 전반에 필요한 매우 중요한 개념이다.

모든 상품에는 어떤 형태로든 각각 효용이 결합되어 있다. 사람들은 상품을 통해 바로 이 효용을 구매하는 것이다. 예를 들어, 3,000원짜리 라면을 사먹는 사람은 배고픔을 채우기 위한 '한 끼'의 효용을, KTX를 이용하는 사람은 '이동의 편리성'이라는 효용을 구매한 것이다. 또 1천만원짜리 밍크코트를 사 입는 사람은 옷을 구매하는 것이 아니고 '허영' 또는 '과시'라는 효용을 구매했다고도 할 수 있다. 그런데 똑같은 상품, 똑같은 상황이라도 사람마다 각기 다른 효용을 가질 수 있다. 배고픈 사람에게는 라면 한 그릇도 큰 효용이 있을 수 있지만, 배부른 사람에게는 아무런 효용이 없을 수 있는 것이다. 한편, 어떤 한 사람이 동일한 상품에 대해 갖는 효용도 시간, 장소, 횟수, 상황 등에 따라 달라지기도 한다.

이렇듯, 기업이 판매하는 것은 '상품'이 아니라 본질적으로 는 '효용'인 것이다. 상품을 기획한다는 것도 결국 효용을 기획하고 설계하는 것이다. 앞서 7장에서 언급했던 '가치제안'에도 바로 이러한 효용이 주요내용으로 포함되어야 한다. 마케팅의 핵심활동은 효용을 만들고 이를 시장에서 소비자들에게 전달하는 것이다. 결국, 효용이 소비자를 만든다는 것을 알 수 있다. 새로운 효용을 만드는 것이 새로운 소비자와 새로운 시장을 만든다는 것이다. 따라서 효용에 대한 이해 없이 진정한 마케팅은 존재할 수 없다. 효용을 기획하고 설계하는 것이 마케팅의 시작점이며 본질이다.

/ 당신의 상품은 어떤 효용을 제공하고 있는가?

이러한 '효용'은 사회적기업에서도 매우 중요한 의미를 지니고 있다. 사회적기업의 상품은 단순한 제품과 서비스가 아니고, 사회문제해결과 관련된 '사회적 효용'을 만들고 전달하는 솔루션이다. 따라서 기본적으로 사회적기업은 상품 그 자체의 '효용'과 더불어 사회문제해결에 대한 효용으로서 '사회적 효용'을 동시에 고려하여야 한다.

사회적 효용은 사회문제해결에 관련해서 사회구성원들로서 소비자나 수혜자들이 느끼고 기대하는 효용이다. 일반적으로 효용이라는 것은 상품의 직접적인 구매자나 사용자가 갖는 만족의 정도이다. 반면, 사회적 효용은 동일한 상품의 소비에 대해서 직접 당사자인 수혜자가 갖는 효용뿐만 아니라 서비스 공급자, 후원자, 관련 공무원 등 사회문제해결을 원하는 다양한 이해관계자들이 갖는 효용의 총합이다. 사회적기업은 이러한 사회적 효용을 통해 그 가치를 평가받고, 시장에서의 지위를 인정받는 경제조직인 것이다.

사회적기업은 다양한 형태의 소비자들을 발굴하고 상대해야 하는 경제조직이다. 이들이 느끼고 기대하는 효용 역시 매우 다양하고 상이하기 때문에, 여기에 대응하는 사회적 효용을 지속적으로 만들어 내는 것이 중요하다. 또한, 제품과 서비스의 솔루션으로서의 효용 즉 사회적 효용을 소비자들이 어떻게, 얼마나 느끼고 있는지를 수시로 점검하는 것이 필요하다. 효용이 소비자를 만들듯이, 사회적 효용이 사회적소비자를 만든다. 시장에서 사회적 효용을 만들어 내지 못하면 사회적경제 영역에서 더 이상의 새로운 소비자나 시장 확대도 기대할 수 없는 것이다.

/ 당신의 상품은 어떤 사회적 효용을 제공하고 있는가?

사회적 효용이 사회적소비자를 만든다는 측면에서, 사회적기업은 소비자와 시장을 확대하고 성장시키기 위해서 사회적 효용을 무엇보다도 우선적으로 고민해야 한다.

이러한 맥락에서 정부의 사회적기업의 성장을 위한 지원정책도 바로 이러한 사회적 효용을 확대시킬 수 있는 방향으로 맞추어 져야 한다. 단순한 자원연계나 판로지원은 임시방편일 뿐이다. 사회적기업영역 내부에서 스스로 새로운 사회적 효용을 만들어 낼 수 있는 역량을 가질 수 있도록 지원하고, 이에 따른 사회 적소비자들의 확대를 위한 제반 여건을 조성하는 것이다. 이를 기반으로 사회적기업의 지속가능성과 성장 그리고 사회적경제 생태계의 확대와 활성화도 가능한 것이다.

사회적기업의 소비자

사회적기업에는 제품과 서비스를 원하는 이유(목적), 비용의 지불방법, 구매 절차 등을 달리하는 다양한 소비자들이 존재한다. 이들은 단순한 제품과 서비스의 구매자에서, 수혜자 그리고 제품과 서비스보다는 사회문제해결을 더 필요로 하는 소비자들까지 그 스펙트럼이 매우 넓고 다양하다. 이에 따라 효용을 달리하는 여러 가지 유형의 소비자가 존재하게 된다. 이처럼 사회적기업에는 다양한 스펙트럼의 소비자들을 존재하기 때문에, 각각에게 제공되어야 할 효용이 다르고, 대응전략을 달리해야 하며, 이를 위해 이들에 대한 적절하고 명확한 구분을 필요로 한다.

효용은 소비자들을 구분하는 기준이 되기도 한다. 일반적으로 소비자들이 동일한 상황에서 동일한 상품에 대해 느끼는 효용은 서로 비슷하다. 그래서 일반기업의 소비자들과의 관계는 의

외로 단순하다. 반면, 사회적기업의 소비자와의 관계는 일반기업보다 훨씬 더 복잡하고 다양하다. 필자는 사회적기업의 다양한 소비자들을 효용을 기준으로 크게 3가지 유형으로 구분한다. 1차 소비자로서 사회적 목적의 직접 대상이 되는 '수혜자', 2차 소비자로서 제품과 서비스에 비용을 지불하는 '일반 구매자', 3차 소비자로서 사회적 목적에 동의하는 공공, 대기업, 비영리부문, 후원자, 일반인 등 '사회적 협력자' 등이다.(여기에서 1차, 2차, 3차라는 숫자를 부여한 것은 단순히 소비자들을 편리하게 분류하기 위한 것일 뿐 별다른 의미는 없다.)

우선 1차 소비자로서, 사회적기업에서 사회적 목적의 대상이 되는 수혜자(취약계층)들이다. 사회적 목적과 관련된 최우선적으로 고려해야 할 중요한 소비자들이다. 사회적기업은 이들에게 시장가격보다 저렴한 가격으로 제품과 서비스가 제공한다. 이것을 '사회서비스'라고 한다. 어떤 경우에는 정부의 지원이나 사회적 후원을 통해 무상으로 사회서비스를 제공하기도 한다.

전통적으로 비영리영역에서는 사회서비스의 대상자들을 '수혜자'로만 인식하여 왔다. 반면, 사회적기업은 이들을 '수혜자'이기 이전에, '소비자' 즉 '고객'으로 인식한다. 이러한 인식을 바탕으로 사회적기업은 비영리조직의 사회서비스를 능가하는 훨씬 더 양질의 사회서비스와 일자리를 제공하게 된다. 이것은 비즈니스방식으로 사회문제를 해결하는 경제조직으로서 사회적기업이 태동하게 된 배경이기도 하다.

다음으로 2차 소비자로서, 일반기업과 같이 제품과 서비스에 비용을 지불하는 일반 구매자들이다. 이들은 우선 상품이 갖는 효용을 기대한다. 대부분 단순 구매자들이지만, 최근에는 구매 과정에서 사회적 가치를 고려해서 제품과 서비스를 선택하는 소비자들도 꾸준히 증가하고 있다. 다음에 설명하겠지만, 이들을 사회적소비자라고 한다. 이들은 제품과 서비스를 통한 효용 그 이상의 사회적 효용을 기대하고, 가격이 다소 비싸더라도 사회적기업 제품을 선호한다. 일반적으로, 사회적기업들은 일반 구매자들로부터 수익을 창출하여 지속가능성을 확보하고, 취약 계층들에게는 시장가격보다 현격하게 낮은 가격으로 제품과 서비스를 제공하여 취약계층들을 돕고 있다.

마지막으로 3차 소비자로서, 제품과 서비스 구매보다는 사회문제해결 자체에 더 관심이 있는 매우 중요한 '사회적 협력자'들이다. 사회문제를 사회적기업을 통해 해결하고자 하는 정부·지자체 공무원, 사회적기업과 협력하려는 대기업의 CSR·CSV 책임자, 후원자, 기부자 그리고 문제해결방식에 도움을 주는 솔루션 제공자들이 여기에 해당된다. 사회적기업은 이들 사회적 협력자들을 통해서 만드는 사회적 시장에서 훨씬 강점이 있고, 보다 지속적이고 안정적인 수익을 만들어 낼 수 있다. 실제 이들 사회적 협력자들은 사회적기업들에게 가뭄의 단비와 같은 역할을 톡톡히 해주고 있다.

여기에서 한 가지 더 살펴보아야 할 것은, 사회적기업에 고용된 조직구성원들이다. 결론적으로, 이들도 내부참여자로서 역시 소비자로 보는 것이 타당하다. 특히, 사회적기업에 고용된 취약 계층들은 수혜자로서 중요한 소비자이다. 단, 이 책에서는 이들을 별도로 소비자로서 구분하지는 않고, 1차 소비자로서 수혜자에 포함시켜 다루고자 한다. 누누이 강조하지만, 사회적기업이 만드는 것은 단순한 제품과 서비스가 아니다. 사회적기업의 상품과 서비스는 사회문제해결을 위한 솔루션이 결합되어 있는 소셜 아이템이다. 앞서 설명한 루비콘이 제조하는 빵은 단순한 '빵_bread'이기 이전에 '고용을 위한 빵_solution'이었음을 다시 한 번 상기하기 바란다.

사회적기업은 단순히 상품이 아닌, '사회문제해결'이라는 상품을 판매하는 경제조직으로 이해해야 한다. 사회적기업의 이러한 활동은 사회구성원 전체에게 영향을 주기 때문에 사회구성원인 조직구성원으로서 직원, 솔루션의 참여자 등 '사회문제해결'이라는 상품의 직·간접 수혜자들을 모두 소비자로 보아야 하는 것이다.

소비자의 재정의

사회적기업에는 다른 특성을 가진 다양한 유형의 소비자들이 존재한다는 것을 살펴보았다. 사회적기업에 있어서 이들은 어느 하나 소홀히 할 수 없는 모두 중요한 소비자들로서, 가급적 어느 한 유형에 치우치지 않게 각 유형별로 소비자들을 골고루

구성하는 것이 필요하다. 사회적기업이 수행하는 문제해결 국면에서 각각의 역할이 있기 때문이다. 이들 각 영역은 특성의 차이에도 불구하고 상호 영향을 받으며 서로 밀접하게 연결되어 있다. 사회적기업에 있어서 소비자가 수혜자에 치우쳐 있다면 비영리단체에 가까운 것이며, 소비자가 일반구매자뿐이라면 일반기업과 다름 아니고, 소비자가 사회적 협력자뿐이라면 NGO나 종교기관과 유사하게 인식될 수 있다. 소비자의 구성에 있어서의 특성이 조직의 특성을 결정하게 되는 것이다.

이들 소비자들이 사회적기업에게 기대하는 효용은 각각 다른 입장에서 크게 다를 수 있다. 루비콘의 '빵'을 다시 떠올려 보자. 이 경우에도 일자리를 필요로 하는 내부 참여자, 사회서비스의 수혜자, 단순 구매자, 재정적인 도움을 주기를 원하는 기부자와 후원자, 일자리를 좀 더 확대하려는 정책담당자 등 서로 다른 입장의 다양한 이해관계자들이 소비자로 존재하고 있음을 알 수 있다. 이들이 '빵'을 통한 일자리제공이라는 사회적 목적에 모두 동의한다 할지라도, 이 '빵'을 통해 얻고자 하는 효용은 각각 상당히 다를 것이라는 것이 쉽게 짐작된다. 이러한 차이를 인식하고 이에 대한 대응이 필요하다. 어떠한 차이가 있을지 각각의 소비자 입장에서 생각해 보고 느껴보는 것도 중요하다. 그리고 이를 면밀하게 살펴보고 정리해 두는 것도 필요하다.

다양한 소비자들 사이에서 효용의 차이가 존재한다면, 서로 비숫한 효용을 느끼는 소비자들을 묶어 각각에 대한 접근법을 달리할 필요가 있다. 이렇게 특성에 따라 소비자들을 세분화하는 것을 '소비자에 대한 재정의'라고 한다. 다양한 특성을 가진 사회적기업의 소비자들에 대한 재정의는 사회적기업에게는 필수적인 과정이다.

필자는 앞서 사회적기업의 소비자를 사회적 목적의 대상이 되는 '수혜자', 제품과 서비스에 비용을 지불하는 '일반 구매자', 공공, 대기업, 비영리부문, 일반인 등 '사회적 협력자' 등 크게 3가지 유형으로 구분한 바 있다.

이제 각 사회적기업의 소비자들의 특성과 상황에 따라 3가지 유형의 소비자로 분류하고 이에 대한 현재고객, 핵심고객, 잠재고객을 재정의 해보자. 모든 소비자를 고객으로 할 수는 없다. 각자에게 가장 적합한 고객을 재정의 한 후, 그들에게 초점을 맞추는 것이 중요하다.

아래 표는 소비자를 3가지 유형으로 나누고, 각 영역에 대한 현재고객, 핵심고객, 잠재고객을 정리해 보기 위한 표이다. 이 표의 작성과 논의는 월간회의나 주간회의에서 조직의 핵심 구성원들과 정기적으로 반복해야 한다. 사실이 간단한 작업은 의외로 상당히 유용하다. 이를 통해 누가 당신의 소비자인지 알게 하고, 이를 통해 시장에서의 전략과 우선순위를 정하게 되는 등 시장에 대한 깊은 이해와 통찰력을 가질 수 있고, 공략 지점이 어디인지 명확히 알게 된다. 또 목표로 하는 소비자와 시장에 대한 전략과 유용한 방법들을 그리고 장기적인 비전을 갖게 될 것이다.

[표] 소비자의 재정의

구　분	1차 소비자 (수혜자)	2차 소비자 (일반 구매자)	3차 소비자 (사회적 협력자)
현재고객			
핵심고객			
잠재고객 (미래고객)			

이 표의 작성을 위해, 우선 맨 윗줄 현재고객들을 각 영역별로 구분하여 채운다. 빈 칸이 있다면 좀 더 고민해야 한다. 어느 한두 영역에 좀 치우치더라도 상관은 없지만 가급적 각 영역에 골고루 분포되는 것이 전체적으로 시너지를 낼 확률이 높다. 각 유형의 소비자들은 사회문제해결 국면에서 각각 특성에 따른 분명한 역할을 가지고 있다. 가급적 빈칸 없이 채우도록 노력해 보시라! 다음으로 가운데줄 각 영역에 핵심고객을 채운다.

핵심고객은 각 영역별 현재고객들의 우선순위를 정해서 추출한다.(숫자는 무관하다.) 이때 고객의 수익성을 현재가치가 아닌 평생가치로 판단하는 것이 중요하다. 장기적인 관점에서 매년 얼마의 수익을 얻을 수 있을지, 고객이 얼마나 오랫동안 고객으로 남아있을지, 나아가 고객의 미래현금흐름 등을 추정해 보고, 그 결과를 바탕으로 평생가치가 높은 고객들을 핵심 고객으로 하는 것이다. 마지막으로 맨 밑줄을 잠재고객으로 채운다. 잠재고객은 향후 핵심고객이 될 미래고객이다. 향후 도전해야 할 목표시장이 될 것이다.

이 표에서 핵심고객은 현재 집중해야 할 가장 중요한 고객이며, 지속적이고 안정적인 수익을 주는 고객으로서 대부분 사회적소비자들이다. 이때 그 토양이 되는 현재고객과 잠재고객의 범위와 질이 중요하다. 현재고객에서 핵심고객으로, 잠재고객에서 핵심고객으로 그리고 잠재고객에서 현재고객 그리고 핵심고객 등의 경로를 통해 현재고객과 잠재고객에서 핵심고객이 만들어지기 때문이다.

사회적소비자의 확대

사회적기업은 일반 소비자의 개념을 확장해서, 단순 구매자뿐만 아니라 사회적기업이 추구하는 사회적 목적에 동의하고 이와 직간접적으로 관련이 있는 다양한 이해관계자들을 모두 소비자로 인식한다. 이들은 해결하고자 하는 사회문제와 관련하여 사회적기업의 사회적 가치, 사회적 영향력, 사회적 효용 등을 고려해서 제품구매, 용역거래, 솔루션 참여, 기부·후원 등의 의사결정을 하는 소비자들이며, 이들을 '사회적소비자'라고 한다. 사회적기업의 소비자로서 사회적 목적의 직접 대상이 되는 '수혜자', 제품과 서비스에 비용을 지불하는 '일반 구매자', 사회적 목적에 동의하는 공공, 대기업, 비영리부문, 후원자 등 '사회적 협력자' 등은 각각 그 특성을 달리하지만, 사회적소비자라는 공통의 특성이 있다. 물론 사회적기업의 소비자들이 모두 사회적소비자라고 할 수 없겠지만, 사회적기업은 이들 소비자들을 사회적소비자로 전환시켜 확대하는 것을 주요 목표로 하고 있다.

사회적소비자들은 구매과정에서 사회적 가치나 사회적 효용을 고려해서 제품과 서비스를 선택한다. 이들은 가격이 다소 비싸더라도 사회적기업 제품을 선호한다. 제품과 서비스를 통한 효용 그 이상의 사회적 효용을 기대하는 것이다. 건강, 환경보존, 빈곤해결, 지역문제 등 사회문제해결과 관련된 사회적 효용을 고려해서 구매의사결정을 하는 것이다. 이러한 소비자들의 행동을 '착한 소비', '윤리적 소비' 등으로 부르기도 한다. 또 제품과 서비스 구매보다는 사회문제해결 자체에 더 관심이 있는 '사회적 협력자'들도 매우 중요한 사회적소비자들이다. 정부·지자체 공무원들은 자신들이 직접 수행하는 것보다 사회적기업을 통해 사회문제를 해결하는 것이 더 효과적이고 예산도 절감할 수 있다고 생각되는 분야애서 자신들의 업무를 사회적기업에게 위임하거나 위탁한다. 소위 '공공의 민간위탁'이라는 것이다. 한편, 사회적기업과 협력하려는 대기업의 CSR·CSV 책임자들의 경우도 이와 유사하다. 관련 사업예산을 사회적기업에 투입하고 협업을 통해 자신들이 목적하는 기업의 사회적 책임의 효과를 극대화하고자 한다. 또한 '후원자', '기부자' 그리고 문제해결방식에 도움을 주는 '솔루션 제공자'들도 여기에 해당된다. 비록 이들이 직접 구매자는 아닐지라도(어떤 경우 직접 구매자가 되기도 한다.) 사회적기업에게는 매우 특별한 고객들이다.

사회적기업은 소비자들을 사회적소비자로 전환시켜 이들을 확대하는 것을 중요한 경영목표로 한다. 따라서 이들에게 제공해야 될 사회적 효용이라는 새로운 가치를 끊임없이 만들고 혁신하여야 한다. 사회적 효용이 사회적소지바를 만드는 것이다. 사회적기업이 궁극적으로 목표로 하는 사회변화는 이러한 사회적소비자들의 확대를 통해 가능하다. 사회적소비자들의 확대가 사회변화를 견인하는 것이다.

성공의 열쇠와 의미

좀 극단적이지만 다음과 같은 질문을 한번 해보자. 사회적 목적에 대한 진정성과 열정은 뛰어나지만 경영에 대한 능력은 거의 없는 사람과 경영능력은 뛰어나지만 사회적 목적 실현에 대한 의지가 거의 없는 사람이 있다고 가정하자. 만약 이 두 사람이 각각 사회적기업을 운영하게 된다면 누가 더 사회적기업으로 성공할 확률이 높을까?

사회적기업의 성공에 대한 기준을 무엇으로 할 것 인가라는 머리 아픈 문제는 일단 접어두고, 일반적인 기준에서는 사회적기업도 '기업'으로서 '경제조직'이기 때문에 경영능력이 뛰어난 사람의 성공 확률이 높을 것으로 일견 생각되어진다. 독자들 중에서도 여기에 한 표를 던질 분들이 꽤 있을 것이다. 실제 단기적으로는 경영능력이 높은 사람이 경제적 성과뿐만 아니라 사회적 성과까지 높게 내는 경우가 종종 있다.

그런데 장기적인 관점에서는 '결코 그렇지 않다'는 것이 필자의 판단이다. 경영능력이 뛰어난 사람보다 사회적 목적에 대한 진정성과 열정을 가진 사람이 사회적기업을 성공시킬 확률이 훨씬 더 높다는 것이다. 실제 사회적기업 정책이 시행된 이후 지난 10년 동안 성공적으로 사회적기업을 운영해 오고 있는 사회적기업가들의 면면을 보면 이러한 사실이 분명해 진다. 오랜 기간 동안 사회적기업의 설립과 육성사업에 참여해 온 필자의 개인적인 경험에 비추어 보면 더욱 그렇다.

왜 그럴까? 필자의 결론은 '사회적소비자'이다!

앞서 누누이 설명하였지만, 사회적소비자는 마케팅만으로 만들 수 없는 사회적기업에 있어서 매우 특별한 소비자이다. 사회적 효용을 만들어 낼 수 있는 조직문화, 소셜아이템, 실질적인 사회문제해결의 편익 그리고 사회적기업가정신과 진정성 등 사회적 요소들이 결합되어야 사회적소비자들은 만들어 진다. 사회적기업은 사회적 성과를 통한 사회적 가치로 평가되고 인정받는 기업이다. 사회적기업은 사회적 목적의 실현을 위한 경제조직으로 그 가치를 인정받을 수 있을 때 비로소 지속가능성이 담보되는 특별한 경제조직인 것이다. 당연히 사회적기업의 성공의 기준도 여기에 있다.

사회적기업에 있어서 '성공'이란 무엇인가? 사회변화를 통해 사회 구성원 모두가 행복할 수 있는 사회적기업의 시간을 만드는 것이다. 이것은 물질이 기준이 되고 인간을 소외시켰던 자본주의 시간에 대한 반동이다. 사람과 사람을 연결하여 단단한 연대를 만들고 자본주의가 만들어 온 필요의 시대를 마감하고 우리가 잊고 있던 진짜 결핍을 보게 하는 것이 사회적기업이 목표로 하는 진짜 '성공'이다.

자본주의는 속도의 경제이다. 누군가 뒤쳐져도 뒤돌아 보지말고 앞만 보고 뛰어갈 것을 재촉해 왔다. 하지만 사회적경제는 천천히 함께 걸어갈 것을 말한다. 빠르게 뛰어가며 잃어버렸던 것들을 다시 뒤돌아보게 한다. 이때 진정한 혁신이 일어난다. 사회적기업의 혁신은 자본주의 혁신과 달리 '속도'가 아닌 '시간'이다. 진정한 혁신은 해결하지 못했던 사람들의 문제를 풀어내는 것이다. 차마 이것조차 문제인가라는 것에서 결핍을 찾아내는 것이다. 보통 사람의 눈높이와 시간에서 결핍을 찾고 채우는 것에서 모두가 누릴 수 있는 변화가 만들어진다.

사회적기업이 추구하는 사회적목적 그리고 성공의 의미, 그 중심에는 사회적소비자가 있다. 사회적소비자를 확대하는 것이 사회변화의 본질이며, 사회적기업의 시간을 여는 것이다. '결핍'으로 연결된 사회구성 네크트워크들이 만들어가는 사회적경제의 시대가 계절처럼 다가오고 있다. 이제 결핍의 씨앗을 뿌리고 변화의 열매를 희망해야 할 때이다.

모두가 따뜻한 새로운 계절을 준비하자.

9 가치혁신을 통해 새로운 시장에 도전하라

어떻게 시장을 공략할 것인가?

상품&서비스 ────────────→

(일반 경쟁시장)　(SE 특화시장)　(SE 협력시장)　(SE 우호시장)

←──────── 사회적 가치

시장을 바라보는 새로운 패러다임이란 무엇인가? 필자가 강조하는 시장에 대한 '새로운' 접근법은 가장 '본질적인' 접근법이다. 즉, 사회문제해결 자체가 사회적기업의 상품으로서 핵심 수입원이 되게 하는 것이다. 이것이 가능한 사회적기업 우호시장, 협력시장, 특화시장이 존재한다. 그동안 필자의 오랜 고민은 "사회적기업의 사회적 목적 실현에 관한 활동과 경영활동을 어떻게 일치시킬 수 있을까?"였다. 그래서 사회적기업이 수익을 극대화하면 사회문제해결도 극대화되는 것이다. 이러한 맥락에서 필자는 "사회적기업도 수익을 극대화하라!"라는 말을 해 왔다.

시장을 바라보는 새로운 패러다임

마케팅은 다수의 기업들과 소비자들이 활동하는 유·무형의 '시장'에서 자사 상품을 구입하려는 소비자의 확대를 목표로 한다. 소위 '시장점유율'을 높이는 것이다. 그래서 마케팅을 '유혹의 기술'이라고도 한다. 한명이라도 더 자신의 소비자를 만들기 위해 모든 경영활동을 집중한다. 크던 작던 현재 존재하는 대부분의 시장들은 한정된 소비들을 대상으로 공급자인 다수의 기업들이 치열한 경쟁을 벌이고 있는 '레드오션'시장이다. 일반적으로 경쟁이 심할수록 비용은 늘어나고 수입을 줄어든다.

반면, 기존 시장에서 눈을 돌려 소비자들의 새로운 수요를 창출하여 만드는 '블루오션'이라는 시장도 있다. 이러한 새롭게 만들어진 시장에서는 적어도 초기에는 경쟁이 거의 없고 소비자들을 지속적으로 확대하여 시장을 키울 수 있기 때문에 막대한 고수입을 기대할 수 있다.

사회적기업이 발을 딛고 있는 땅은 어디까지나 자본주의 시장경제시스템이다. 사회적기업도 시장에서 일반기업들과 똑같이 경쟁하면서 활동하고 성장해야 한다. 하지만 사회적기업은 본질적으로 시장에서의 경쟁에 최적화된 경제조직이 아니다. 설립목적도 시장경쟁을 통한 수익의 극대화에 있지 않다. 취약계층을 고용하고 사회서비스를 제공하면서 품질경쟁이나 원가경쟁 등 시장경쟁에서 우위를 점한다는 것은 사실상 어려운 일이다. 그렇다면 이러한 약점을 극복하고 시장에서 살아남기 위해서 필요한 것은 무엇인가?

사회적기업도 기존 시장의 확대와 새로운 시장의 개발을 통해 성장한다. 모두 새로운 소비자를 필요로 한다. 이를 위해 시장을 바라보는 패러다임이 바뀌어야 한다. 시장에 대한 고정관념을 가지고는 새로운 효용을 만들 수 없다. 새로운 효용을 만들 수 없다면 새로운 가치제안도 할 수 없고, 새로운 소비자도 만들 수 없다. 소비자에게 제안하는 가치가 달라져야 시장의 확대와 새로운 시장 기회를 만들 수 있는 것이다. 이 책에서 강조하고 있는 대부분의 내용들은 시장을 바라보는 새로운 패러다임으로서 시장에 대한 새로운 접근방법이다.

/ 시장을 바라보는 새로운 패러다임이란 무엇인가?

필자가 강조하는 시장에 대한 '새로운' 접근법은 가장 '본질적인' 접근법이다. 사회적기업은 회사의 사회적 목적을 설립목적으로 하고 사람들의 결핍에 주목해서 상품을 만든다. 또 이를 솔루션으로 하여 시장에 사회적 효용을 가치제안하고 사회적소비자들을 네트워킹하여 사회문제들을 지속적으로 해결해 간다. 시장에 대한 '새로운' 접근법으로서 가장 '본질적인' 접근법은 이러한 문제해결활동과 수익활동을 결합시키는 과정에서 새로운 소비자와 시장을 만드는 것이다. 즉, 사회문제해결 자체가 사회적기업의 상품으로서 핵심 수입원이 되게 하는 것이다. 이 것은 사회문제해결이라는 사회적기업의 본질에 가장 충실한 접근법이다.

그동안 필자의 오랜 고민은 "사회적기업의 사회적 목적 실현에 관한 활동과 경영활동을 어떻게 일치시킬 수 있을까?"였다. 사회문제해결 자체가 상품으로서 핵심 수입원이 되면, 문제를 해결하면 할수록 수입이 많아지게 된다. 그래서 사회적기업이 수익을 극대화하면 사회문제해결도 극대화되는 것! 이것을 필자는 고민해 왔다. 이렇게 되면 많은 사회문제를 해결하면서 엄청 돈을 번 사회적기업들도 나타날 수 있게 된다. 이러한 맥락에서 필자는 "사회적기업도 수익을 극대화하라!"라는 말을 해 왔다.

사회문제해결이라는 사회적 가치를 통해 만들 수 있는 시장은 공공에서 법률로 지원하는 '사회적기업 우호시장', 대기업 및 공기업과의 '사회적기업 협력시장' 그리고 지역, 장애인, 저소득층을 대상으로 하는 '사회적기업 특화시장'이 있다. 이러한 사회적기업 대한 우호시장, 협력시장, 특화시장의 소비자들은 공공, 대기업, 공공기관, 지역 등 다양하며, 본질적으로 사회문제해결이라는 공동의 목적을 위해 사회적기업과 새로운 시장을 만들고 있다.

여기에서 사회적기업은 절대로 단순한 지원대상기업이 아니며,

당당한 파트너로서 공동의 목적인 사회문제해결의 전문가로서 이들과의 협업을 주도한다. 본 장에서는 이들 시장을 구체적으로 자세히 살펴볼 것이다.

사회책임조달 : 공공의 사회적기업 우선구매

'사회책임조달'이란 공공이 재화나 서비스를 구매하는 공공조달에서 고용, 노동, 복지, 환경 등 사회적 영향력을 고려하여 공급자를 선정하는 방식이다. 공공입찰에서 가점 부여, 수의계약, 우선구매 등의 방식을 통해 혜택을 준다. 여기에서 공공이란 정부, 지자체, 공공기관 등이다. 한편, 우리나라에서는 사회책임조달이라는 말보다는 사회적 약자기업에 대한 '우선구매'라는 말이 주로 사용된다. 사회적 약자기업에는 사회적기업, 사회적협동조합, 장애인기업, 자활기업, 여성기업, 보훈기업 등이 있으며, 이들 기업들은 각각 법률에 의한 지원을 받고 있다.

한국의 공공조달 규모는 연간 120조원(2017년)에 이르고 있으며, 여기에서 사회적기업의 우선구매는 아직은 미미한 수준으로서 대략 1% 미만으로 집계되고 있다. 사회적기업 우선구매는 사회적기업육성법에 관련규정을 두고 있으며, 이 법을 강화하여 전체 공공조달의 5%이내에서 사회적기업의 제품에 대한 우선구매를 의무화하는 내용이 포함된 사회적경제기본법, 국가계약법개정안 등이 국회에 발의되어 있다. 이 법안들이 올해에는 꼭 통과되어 법제화되기를 희망한다. 이렇게 된다면 우리경제에서 사회적경제의 비중도 대폭 신장될 것이다. 사회적기업에게는 중요한 시장기회가 되고 있다.

여기에서 한 가지 유의할 것은, 사회적기업이 우선구매 대상기업이라고 해서 공공이 무조건 제품을 우선구매 하는 것은 아니라는 것이다. 여기에도 사회적경제조직들간의 경쟁이 있고 또 상당한 준비도 필요하다. 비교 견적, 계산서 발행, 상품상세서 및 품질인증서 준비, 제품 인도, 우선구매실적증명서 발급 등에서 공공이 원하는 방식으로 꼼꼼한 준비가 필요하다. 또 사회적기업 우선구매를 지원하는 온라인 사이트에 입점하는 것도 긴요하다. 나라장터 종합쇼핑몰(shopping.g2b.go.kr)이 대표적인 사이트이다. 이 사이트에 들어가 보면, '사회적가치실현기업'이라는 카테고리에서 사회적기업 제품을 소개하고 있으며, 구매담당 공무원들에게 다양한 편의를 제공하여 우선구매를 촉진하고 있다. 사회적기업이나 공무원 모두에게 상당히 유용한 사이트이다.

최근 공공과의 협력은 사회적기업의 단순 재화나 용역에 대한 우선구매 뿐만 아니라, 공공시설 관리 및 운영을 위한 민간위탁사업이나 공동프로젝트사업 등으로 사업영역이 점차 확대되고 있다. 민간위탁은 정부·지자체가 자신들이 직접 수행하는 것보다 사회적기업을 통해 사회문제를 해결하는 것이 더 효과적이고 예산도 절감할 수 있다고 생각되는 분야에서 자신들의 업무를 사회적기업에게 위임하거나 위탁하는 것이다.

이렇듯, 사회적기업 우선구매에서 공공시장은 사회적기업 성장의 마중물 역할을 담당하며 사회적기업에게 큰 힘이 되는 중요한 시장으로 자리잡아가고 있다. 사회적기업은 공공시장이라는 우호적이고 안정적인 시장을 기반으로 경쟁력을 강화하여 새로운 시장개척, 시장경쟁 등에서 긍정적인 결과를 만들어 낼 수 있다. 그동안 사회적기업에 대한 우선구매는 사회적기업의 경영여건을 개선하고 사회적경제를 활성화하는 소기의 목적뿐만 아니라 장기적으로는 국가와 공공기관의 사회적 비용을 절감, 사회통합 등 경제적·사회적 효과가 매우 높은 것으로 분석되고 있다. 이에 따라 사회적기업 우선구매 등 사회책임조달은 한국을 비롯해서 전 세계적으로 대폭 확산되는 추세이다.

사회책임경영 : 대기업의 CSR & CSV

최근 대기업들이 기업의 '기업의 사회적 책임'과 '공유가치창출' 등 사회책임경영을 크게 확대하고 있다. 지난날 몸집이 컸던 공룡들이 환경변화에 적응하지 못하고 멸종된 것처럼, 이러한 대기업들의 움직임은 사회변화에 적응하여 시장에서 지위를 유지하려는 일종의 생존전략이다. 매출이나 순이익만을 고집하며 성장 일변도로 달려왔던 대기업들이 그들의 핵심 목표와 전략에 기업의 사회적 책임, 공유가치창출을 대거 포함시켜, 장기적 관점을 가지고 사회와의 긴 호흡을 통해 나름의 지속가능성을 고민하기 시작한 것은 일단 긍정적인 현상이다.

기업의 사회적 책임(CSR)_corporate social responsibility은 그동안 주로 기업의 사회공헌활동의 일부분 정도로 취급되어 왔다. 그런데 최근 그 중요성이 점점 높아지면서 사회공헌을 비롯해서 환경, 경영윤리, 노동자를 비롯한 지역사회 등 다양한 분야에서 활발하게 진행되고 있다. 또 이를 마케팅과 같은 영업활동에 포함하는 등 핵심 경영활동의 일부로 인식되고 있다. 대기업들은 여기에서 한걸음 더 나아가 공유가치창출_creative shared value : CSV이라는 개념을 도입하고 있다. 공유가치창출이란 사회 전체의 이익과 결합된 경영활동으로서 경제·사회적 조건을 개선시키면서 동시에 비즈니스 핵심경쟁력을 강화하는 경영전략 및 활동이다. 이는 마치 사회적기업의 경영활동과 흡사하다.

CSV사례로서, 다국적기업 '네슬레'는 단순한 원재료 구매활동을 뛰어넘어 코트디부아르와 같은 아프리카 저개발국에서 현지 농부들과의 협업을 통해 자신들이 보유한 우수한 품종을 공급하고 이와 더불어 농사짓는 기술, 가공기술 등을 전수하고 있다. 이를 위해 현지에 농업연구소와 농업기술학교도 설립하였다. 이러한 네슬레의 CSV활동의 결과로 자신들은 양질의 원재료를 안정적으로 확보하게 되었으며, 현지 농부들의 수입은 300% 이상 높아졌다. 기존의 공정무역에서 원재료를 보통 10% 정도 비싸게 구매해 주는 CSR활동이 현지 농부들의 경제·사회적 환경을 크게 개선하지 못하는 것과는 비교가 된다. 네슬레의 사례를 살펴보면, 이들의 CSV활동의 내용에서 사회적기업과의 협업이 가능한 부분들을 발견할 수 있다. 교육, 문화, 복지 등 농부들의 삶의 질에 관련하여 경제·사회적 환경을 개선할 수 있는 다양한 활동들이 그것이다.

사회적기업과 협력하려는 대기업의 CSR·CSV 책임자들은 관련 사업예산을 사회적기업에 투입하고 협업을 통해 자신들이 목적하는 CSR·CSV의 효과를 극대화하고자 한다. 사회문제해결 분야에서만큼은 사회적기업들이 더 이상 대기업들의 지원의 대상이 아닌 파트너로서의 지위를 인정받고 이들과 협력하여 공동으로 사회문제를 해결할 수 있어야 한다. 따라서 이들에게 사회적기업은 강력한 솔루션을 보유한 사회문제해결의 전문가그룹으로 인식되는 것이 중요한다. 이처럼 대기업들이 CSR·CSV를 통해 사회문제해결에 적극적으로 참여하고 이를 확대하고 있는 것은 사회적기업 협력시장이라는 중요한 시장기회가 되고 있다.

전경련에서 매년 발간하는 사회공헌백서에서 2015년 상위 255개 대기업의 사회공헌규모는 연간 3조원이었다. 전체 규모를 정확하게 파악할 수는 없겠으나, CSR과 CSV까지 모두 포함한다면 연간 10조원 이상을 상회할 것으로 추산되며, 향후 더욱 확대될 것으로 예상된다. 이러한 상황은 사회적경제와 사회적기업의 확산과 그 궤를 같이 하고 있다. 대기업의 CSR·CSV에서 사회적기업에 대한 협력도 확대되면서 이 분야가 사회적기업에게 큰 시장으로서 중요한 기회로 다가오고 있다.

공공의 사회공헌 : 공공기관의 지정사회공헌

우리나라에서 공공기관은 공기업, 준정부기관, 기타공공기관으로 구분된다. 2017년 현재 국내 공공기관은 공기업 35개, 준정부기관 88개, 기타공공기관 207개 등 총330개가 활동 중이다. 이들은 공공의 이익을 위해 일정한 요건을 갖추어 설립되며, 설립목적 및 사업내용 등이 법률로 특정된 법정법인이다. 공공기관도 설립목적과 관련된 경영활동과 더불어 대기업들처럼 별도의 사회공헌활동을 수행하고 있다. 이들의 사회공헌활동에 대한 구체적 활동이나 내용은 대부분 법률로 특정되어 있어 이를 '지정사회공헌'이라 한다.

한국자산관리공사(캠코)는 금융회사 부실채권의 인수, 정리 및 기업구조조정업무를 효율적으로 처리를 목적으로 설립된 준정부기관이다. 이들은 금융소외계층(신용불량자)에 대한 신용회복지원사업을 지정사회공헌으로 수행하고 있다. 금융소외계층에 대한 신용회복지원, 국민행복기금운용, 취업지원 및 직업교육, 소액대출, 채무조정 및 저금리 전환대출 등 다양한 사업을 수행하고 있으며, 이를 저소득층에게까지 확대하고 있다. 특히, 행복job(잡)이 프로그램은 금융소외계층의 신용회복과 경제적 재기 지원 등을 위한 취업지원사업으로서, 채용기업에게 최대 360만원까지 고용보조금을 지원한다. 한국자산관리공사의 지정사회공헌으로서 금융소외계층에 대한 지원사업은 대부분 사회적기업과 협력이 가능한 프로그램으로 구성되어 있다. 금융교육, 취업지원으로서 직업체험이나 직업교육 등 모두 사회적기업이 강점이 있는 분야들이다. 특히, 금융소외계층이나 저소득층은 사회적기업의 사회적일자리의 대상이 되는 취약계층들로서 사회적기업과의 취업연계가 가능하다.

한국전력은 전력자원의 개발, 발전, 송전, 변전, 배전 및 이와 관련된 사업 등 전원개발 촉진, 전력수급 안정화를 목적으로 설립된 공기업이다. 주 사업과 더불어 이들은 주로 에너지와 환경과 관련된 부가사업을 통해 지정사회공헌으로 수행하고 있다. 에너지자립, 전기자동차, 태양광, 에너지제로건물, 친환경에너지타운, 친환경테마파크 등 사회적기업들이 협력하기에 좋은 관련사업들을 진행하고 있다. 실제 한국전력은 이미 에너지와 환경 분야에서 다수의 관련 사회적기업들을 지원하고 있으며 다양한 협력사업들을 개발하고 확대해 가고 있다.

국민연금은 사회적기업 설립지원을 통해 NPS카페36.5를 오픈하여 현재 5개점을 운영 중이며, 이를 통해 이주여성들에게 일자리를 제공하고 수익금으로 저소득 취약계층을 지원하고 있다. 그밖에도, 강원랜드를 운영하는 광해재단은 도박중독자지원, 마사회의 수익금으로 운영되는 렛츠런재단은 문화·예술지원, 한국수력원자력은 친환경, 신재생에너지개발지원, 농수산물유통공사는 전통음식을 포함한 식품산업지원을 수행하고 있다. 한편, 한국장애인고용공단은 장애인고용촉진이라는 사회적 목적으로 하여, 지정사회공헌 자체를 주목적으로 설립된 경우이다.

사회적기업과 협력하려는 공공기관도 앞서 대기업의 경우와 같이 관련 사업예산을 사회적기업에 투입하고 협업을 통해 자신들의 사회공헌 효과가 극대화되기를 원한다. 지정사회공헌의 사회문제해결 분야에서 공공기관의 파트너로서 공동으로 사회문제를 해결할 수 있는 것이다. 역시 이들에게도 사회적기업은 강력한 솔루션을 보유한 사회문제해결의 전문가그룹으로 인식되는 것이 중요한다. 공공기관의 지정사회공헌도 사회적기업 협력시장이라는 중요한 시장기회가 되고 있다.

고용촉진제도 : 장애인 연계고용

고용촉진제도란 직업을 구하기 힘든 취약계층들을 취업을 확대하기 위해 이들의 채용기업에게 주로 인건비를 지원해 주거나 이에 해당하는 혜택을 부여해 주는 제도이다. 대상은 장애인, 고령자, 신용불량자, 도박중독자, 청년장기실업자 등으로서, 이들을 고용하면 인건비의 일부가 지원된다. 사회적기업의 사회적일자리참여자에 대한 인건비지원도 취약계층에 대한 고용촉진제도의 일환이다. 여기에서 장애인고용촉진제도로서 장애인 연계고용을 위주로 살펴보고자 한다.

장애인의무고용제도는 국가·지방자치단체와 노동자 50명 이상의 공공기관·민간기업 사업주에게 장애인을 일정비율 이상 고용하도록 의무를 부과하고, 미준수시 과태료 성격의 부담금을 부과하는 제도이다. 국가 및 지자체, 공공기관은 노동자 전체의 3.2%. 민간사업주는 2.9%를 의무고용해야 하며, 매년 의무고용률이 상향되고 있다.(2019년은 각 3.4%, 3.1%) 2017년 기준으로 약 1조5천억원이 장애인고용부담금으로 징수되었다.

이때 부담금 납부 의무가 있는 사업주가 장애인 직업재활시설 또는 장애인표준사업장 등에 도급을 주어 그 생산품을 납품받음으로써 부담금을 회피할 수 있다. 이를 장애인 연계고용이라 한다. 연계고용 대상 사업장(장애인 직업재활시설 또는 장애인 표준사업장)의 장애인노동자를 부담금 납부의무 사업주가 간접 고용한 것으로 간주하여 부담금을 감면하여 주는 것이다. (근거 :「장애인고용촉진 및 직업재활법」 제33조 제4항 및 제9항)

연계고용 대상 사업장으로는 장애인 직업재활시설, 장애인 표준사업장 등이 있다. 장애인직업재활시설이란 「장애인복지법」 제58조 제1항 제3호에 의해 설치된 시설로서 일반 작업환경에서는 일하기 어려운 장애인이 특별히 준비된 작업환경에서 직업훈련을 받거나 직업 생활을 할 수 있도록 하는 장애인복지시설이며, 장애인 표준사업장은 「장애인고용촉진 및 직업재활법」 제22조의4에 따라 인증 받은 표준사업장이다.

장애인 연계고용을 원하는 부담금 납부대상기업들은 주로 공지를 통해 대상기업을 물색하는데, 장애인 고용 사회적기업들은 보다 적극적으로 부담금 납부대상기업들 찾아서 이들에게 역으로 연계고용을 제안 할 수도 있다. 장애인 연계고용을 성사시키기 위해서는 부담금 납부대상기업에게 납품할 생산물에 대한 품질도 중요하지만, 장애인들에 대한 고용유지를 안정적으로 할 수 있다는 믿음을 주는 것이 무엇보다도 우선적으로 전제되어야 한다. 이것이 무엇보다도 중요하다.

부담금 납부대상기업은 주로 중견기업 이상 규모의 기업들로서 장애인 고용 사회적기업은 이 제도를 활용하여 도급계약을 통해 생산품을 안정적으로 납품할 수 있는 기반을 만들 수 있다. 이러한 도급계약은 주로 1년 이상의 장기계약으로서 사회적기업에게는 안정적인 매출을 보장하는 고정수입처가 된다. 또 사회적기업은 이러한 장애인 연계고용을 통해 매출신장뿐만 아니라 도급에 대한 납품을 위한 제조과정에서 기술력 향상 등과 같은 부가적인 효과도 얻을 수 있다. 이렇듯, 장애인 연계고용은 사회적기업에게 특화된 중요한 시장이 되고 있다.

포용적 비즈니스 : BOP(Bottom of Pyramid)시장

포용적 비즈니스_inclusive business란 사회·경제적 취약계층을 대상으로 이들의 당면한 문제를 해결하는 동시에 이 과정에서 수익을 창출하는 것이다. 주로 저개발국의 저소득층을 대상으로 한다. 그동안의 저개발국에 대한 단순 원조보다 포용적 비즈니스가 이들의 사회문제해결에 훨씬 효과적이라고 인식되기 시작하면서 최근 크게 주목받고 있다. 대표적으로 저개발국의 저소득층을 대상으로 하는 BOP(Bottom of Pyramid)사업이 이에 해당한다.

원래 BOP(Bottom of Pyramid)는 연소득 3,000달러 미만의 최빈곤층으로 이루어진 저소득 취약계층을 의미하는 말이다. 그동안 이러한 저소득 취약계층들은 기부의 대상으로 여겼을 뿐, 이들을 소비의 대상으로 하는 비즈니스는 크게 주목받지 못했다. 이들 저소득 취약계층은 구매력이 현저하게 낮기 때문에 높은 수익을 보장할 수 있는 시장으로는 매력적이지 못했다. 하지만 BOP시장은 연소득 3,000달러 미만의 최빈곤층이 전 세계 인구의 70% 이상을 차지하고 정도로 큰 규모이고 시장 잠재력도 성장하고 있다는 점에서 점차 새로운 시장으로서의 가치가 부각되고 있다. 특히 이들 저소득 취약계층의 문제를 해결하고자 하는 사회적기업들이 주목해야 할 중요한 시장이다.

포용적 비즈니스로서 BOP시장에서 저소득 취약계층을 대상으로 비즈니스를 실행하는 것에는 다양한 장애물이 존재한다. 저소득 취약계층들의 지식이나 기술력이 상당히 낮아 고용을 통한 생산성을 높이기 힘들고 또한 낮은 소득 수준과 상품에 대한 효용을 이해하지 못하여 제품과 서비스의 판매가 어려울 수 있다. 그리고 이러한 저개발국들은 사회기반이 취약하여 마케팅이나 유통에서 큰 애로가 있다. 그리고 국경을 넘나드는 해외비즈니스에서 일반적으로 발생하는 어려움들도 항상 뒤따른다.

이러한 어려움에도 불구하고 BOP시장은 사회적기업에게 매력적인 시장이 될 수도 있다. 우선 저개발국 등 개발도상국들은 현재 구매력은 약하지만 성장 잠재력이 높기 때문에 미래 시장가치는 매우 높다. 이들 저소득 취약계층에 대한 시장은 Bottom of Pyramid라는 말 그대로 광범위한 소비자를 대상으로 하기 때문에 '규모의 경제'와 '범위의 경제'를 이룰 수 있는 기회가 된다. 규모의 경제란 기업이 생산량을 늘림에 따라 제품 하나를 만드는 단위당 비용이 하락하는 것을 의미한다. 규모의 경제가 특정 재화나 서비스의 생산량이 증가함에 따라 유발되는 비용 절감효과라면, 범위의 경제는 두 개 이상의 재화를 생산할 때 얻는 비용 절감효과와 이를 통한 시너지를 의미한다. 또한 BOP시장은 대기업의 사회공헌활동에 포함되어 이들과 협업의 기회가 되기도 하며, 소셜벤처의 사회문제해결에 위한 혁신적인 제품과 서비스와 결합되어 새로운 시장가치를 만드는 등 사회적기업들에게 새로운 시장기회가 되고 있다.

한편, 이러한 BOP시장은 해당국을 포함하여 국제적인 협력을 이끌어 낼 수 있는 기회가 되기도 한다. 각국의 저개발국에 대한 지원사업과 결합되는 것이 가능하다. 우리나라의 경우 한국국제협력단(KOICA)이 그 대상기관이다. 코이카는 민관협력사업을 통해 저개발국에서 사업을 진행하려는 사회적기업이나 민간단체를 지원하여 이들 국가의 빈곤완화와 복지증진 등에 기여하고 있다.

일반적으로 저소득 취약계층들은 경제적인 형편이 어려워 의식주를 해결하는 데만 급급할 것이라고 생각되어져 왔다. 하지만 이것은 큰 오해이다. 모든 인간들의 욕구는 동일하고 이들도 나름의 적합한 상품들의 개발과 공급을 갈구하고 있다. 이들에게 결핍된 제품과 서비스들이 이들의 경제적 여건에 적절한 가격으로 공급될 수 있다면 그 효과는 일반 시장보다 훨씬 더 클 수도 있다. 이에 대한 사회적기업의 다양한 활동과 접근이 기대되고 있다. 우리가 살고 있는 지구 곳곳에는 훨씬 더 많은 소비자들이 BOP라는 더 큰 시장으로 존재하고 있는 것이다.

임팩트

4부. 사회적 성과는 어떻게 만들어 지는가?

10 '확대된 공동의 이익'을 추구하라

확대된 공동의 이익
→ 지속가능성의 원천

Not profit, just benefit

자본주의경제는 '필요'의 경제로서 '제로섬_zero sum'경제라면, 사회적경제는 '결핍'의 경제로서 '포지티브섬_positive sum'의 경제이다. 사회적기업은 기존의 비즈니스에 대한 고정관념에 얽매이지 않고 정부나 사회단체가 해결해왔던 사회문제해결영역에서 새로운 시장기회를 만들어 공동의 이익을 확대하는 것을 목표로 한다. 소위 '시장의 파이'를 사회적기업 방식으로 키우는 것이다. 이러한 과정에서 사회적기업이 추구하는 이윤을 'benefit'이라고 하며, 필자는 이를 '확대된 공동의 이익'이라고 명명한다.

기업가치에 대한 평가의 변화와 사회적기업

포춘_Fortune은 1930년 2월 헨리 루스에 의해 발간된 미국의 최장수 비즈니스 잡지이다. 이 잡지는 기업의 매출액 기준 전체 수익과 사업 성격 등을 고려해서 주요 기업들의 순위를 매년 발표하고 있는 것으로 유명하다. 1955년부터 매년 발표되고 있는 '포춘 500_Fortune 500'이라는 미국의 500대 기업리스트와 '포춘 글로벌 500_Fortune Global 500'이라는 세계 500대 기업리스트가 그것이다.

그런데 포춘은 1997년부터 기업의 사회적 책임과 같은 사회적 인식을 반영한 '가장 존경받는 기업_World's Most Admired Companies'의 순위를 발표하기 시작하더니, 2015년부터는 뛰어난 재무 성과와 함께 세상을 변화시킨 기업을 선정해 '세상을 바꾼 기업_Change the World'의 순위를 발표하고 있다. 이에 따라 단순히 외형(매출)기준의 '큰 기업'들 위주에서 사회적 책임을 다하는 '존경받는 기업'들로 그리고 이를 뛰어 넘어 사회의 변화를 이끌어낸 '위대한 기업'들로 리스트 속의 이름들이 바뀌고 있다. 기업에 대한 평가기준이 양에서 질로, 질에서 격으로 진화하고 있는 것이다.

이들 '세상을 변화시킨 위대한 기업'들은 '사회문제를 해결하는 성장전략을 갖추고 이를 미션으로 추구'하면서 뛰어난 경영성과를 만들어 내고 있다. 공공의 영역으로 여겨졌던 사회문제 분야에서 새로운 이윤의 창출기회를 찾아내 시장을 선도하고 있다. 물론 이들이 모두 사회적기업이라 할 수는 없다. 다만, 우리가 주목해야 할 것은 이윤창출과 지속경영을 기본적인 목적으로 하면서 사회문제해결을 궁극적인 목적으로 하는 '사회적기업'과 사회문제해결을 기업의 성장전략에 포함시켜 이를 미션으로 추구하고 있는 '위대한 기업'들 간의 차이가 점점 좁혀져 가고 있다는 사실이다.

한편, 매년 세계의 거물 경제인들이 모여 개최하는 스위스 다보스포럼에서는 작년 초 세계 100대 기업을 발표했다. 한국기업이 3개 포함되어 있었는데… 그 리스트에 우리나라 1위기업인 삼성그룹이 빠져있었다. 잘 생각해 보시라! 무엇으로 기업의 가치가 평가되는지를… 이제 매출이나 순이익으로만 기업의 가치가 평가되던 시대는 지나가고 있다.

이렇듯, 세계적인 흐름은 포춘 리스트의 선정기준이 변화하는 것처럼, 새롭게 변화하는 시대에 부응하는 기업의 역할에 주목하고 있다. 즉, 전통적으로 기업들이 추구하는 이윤이 'profit'이었다면, 새로운 시대에는 기업이 추구해야 할 가치로서 'profit+α'를 요구하고 있다는 것이다. '+α'가 긍정적인 방향으로의 사회변화라는데 이견이 없다면, 이러한 시대적 요구에 가장 적합한 경제조직은 자본형 기업보다는 단연 '사회적기업'이다.

아직 전 세계적으로 사회적기업에 대한 공통된 정의는 없지만, 적어도 사회문제해결이라는 분야에서 최고의 전문가 집단은 사회적기업이 되어야 한다. 그리고 이러한 시대적 변화를 그 중심에서 주도해야 한다.

향후 사회적기업이라는 운동의 방향이 어떻게 전개될지 속단하기는 이르지만, 기업가치에 대한 평가의 변화에 따라 사회적기업의 역할도 더욱 확장될 것이며 그 가치도 더욱 주목받게 될 것은 자명하다. 사회적기업이라는 비전을 꿈꾼다면 인식의 폭을 좀 더 넓히고 변화를 주도할 수 있는 기업경영을 목표로 이에 대한 준비가 필요하다. 이제 포춘의 '가장 존경받는 기업'과 '세상을 바꾼 기업'의 순위에서 사회적기업의 이름들을 자주 목격하게 될 것이 기대되는 대목이다.

profit Vs. benefit : 확대된 공동의 이익

기업은 '수익_profit'을 추구한다. 여기에서 '수익'은 '주주의 이익'이다. 기업의 최종목적은 '주주의 이익을 극대화'하는 것이다. 기업의 경영활동을 통해 발생한 수익은 경영활동과 사업에 재투자되기도 하고 회사에 유보금으로 적립되는 등 다양하게 쓰이겠지만, 어디까지나 최종목적지는 주주의 지갑이다. 이는 자본주의경제에서 자연스러운 것이고 권장되어 왔다. 문제는 자본주의가 자기 정화기능을 가지고 부의 편중을 막지 못하고 있는 현재의 상황이다. 참고로 한국은 국민 50%가 전체 국부의 단지 3%를 소유하고 있는 엄청난 빈익빈 부익부를 실현 (?)하고 있는 나라이다.

반면, 사회적기업이나 협동조합 등 사회적경제조직은 이러한 주주의 개념을 확대시키는 것을 주요 목적으로 한다. 조직의 경영활동에 참여하는 내부참여자(직원 및 조합원), 수혜자, 소비자, 거래처 등 주요 이해당사자들을 주주의 개념에 포함시키는 것이다. 법률적, 비법률적 제도를 통해 이들을 주요 의사결정에 참여시키고 배당대상으로 하는 등 현실적으로 이를 실현하고 있다.

법률적 제도로서, 한국 사회적기업육성법에서 사회적기업은 배당가능한 이익의 2/3를 사회적 목적에 재투자하도록 되어있다. 배당가능한 이익의 1/3만 배당이 가능한 것이다.(사실 일반기업도 1/3이상을 배당하는 기업은 거의 없다.) 또 협동조합기본법에서 협동조합은 출자금의 10%이내에서 출자배당이 가능하도록 되어 있으며, 조합원은 출자지분과 관계없이 1인1표로서 주요 의사결정에 참여할 수 있다. 또한 법률적 제도와 더불어 비법률적 제도들도 중요한 역할을 한다. 사회적기업에 대한 사회적으로 합의된 인식, 관습 그리고 사회적기업의 조직문화 등이다. 아직 사회적기업의 역사가 짧기 때문에 아직은 상당히 미흡한 것이 사실이지만, 사회적기업의 확산과 성장의 기본 토대가 된다는 점에서 무엇보다도 중요한 요소가 되고 있다.

이렇듯, 사회적기업은 주주의 개념을 확대해서 주요 이해당사자가 포함된 공동의 이익을 추구하면서, 기존의 비즈니스에 대한 고정관념에 얽매이지 않고 정부나 사회단체가 해결해왔던 사회문제해결영역에서 새로운 시장기회를 만들어 공동의 이익을 확대하고 있다. 소위 '시장의 파이'를 사회적기업 방식으로 키우는 것이다. 이러한 과정에서 사회적기업이 추구하는 이윤이 'benefit'으로서 '확대된 공동의 이익'이다.

자본주의경제는 '필요'의 경제로서 '제로섬_zero sum'경제라면, 사회적경제는 '결핍'의 경제로서 '포지티브섬_positive sum'의 경제이다. 필요는 채울수록 파이가 줄어들지만, 결핍은 해결할수록 파이가 더욱 커진다. 이것이 중요한 역설이다. 자본주의경제에서는 주주가 늘어날수록 배당금이 줄지만, 사회적경제에서는 주주의 개념이 주요 이해당사자를 포함하여 사회전체구성원들에게까지 확대되면 될수록 더 큰 새로운 시장기회가 만들어지고 '공동의 이익'이 지속적으로 확대된다.

이렇듯 사회문제해결이라는 소셜 미션과 수익이 결합된 'benefit'은 자본주의경제의 'profit'과 대응되는 개념으로서, 사회적기업은 '확대된 공동의 이익'을 추구할 때 새로운 시장기회가 만들 수 있고 지속적으로 수익을 확대할 수 있는 본질적인 특성을 가지고 있는 경제조직이다. 이러한 '확대된 공동의 이익'으로서 'benefit'에 대한 추구는 사회적기업 경영에서 선택이 아닌 필수적인 조건으로서 사회적기업의 최종목표가 되어야 한다.

사회적 목적에의 재투자

앞서 언급했던, 수익이 발생할 경우 사회적기업은 배당가능 수익에서 2/3이상을 사회적 목적에 재투자해야 한다는 것은 좀 더 설명이 필요할 듯하다. 사회적기업은 배당가능 수익에서 2/3이상을 사회적 목적에 재투자해야 한다는 조항은 마치 돈을 벌면 사회에 다 퍼줘야 한다는 오해를 불러일으키기도 한다. 또 '사회적 목적에 재투자'를 '사회 환원'과 같은 말로 생각하기도 한다. 언뜻 보기에 일반 기업과 사회적기업은 이 대목에서 상당한 차이가 있는 듯 보인다. 그런데 사회적 목적에 재투자는 시설투자, 직원 복지 및 임금상승, R&D 등을 포함하는 개념으로서, 일반기업들이 수익이 발생하면 사용하는 내용과 크게 다르지 않다. 특히 소유와 경영이 분리되어 있지 않은 한국의 대부분의 기업들은 이러한 사용처 이외에 사내유보 등 어차피 배당에 매우 인색하다. 결론적으로 일반기업과 주식회사에서 인증된 사회적기업은 배당에 있어 현실적으로 별다른 차이가 없다는 것이 필자의 생각이다.

이 법조항의 필요성이 전혀 없다는 것은 아니지만 일반기업들도 거의 못하거나 안하는 배당을 사회적기업들이 얼마나 할 것 같기에 이를 명문화했는지는 모르겠으나 현실적으로 오해를 없애는 방향으로 개정되어야 할 것이다. 논의에서 좀 벗어나지만… 이 조항은 차라리 대기업들에게 강제적용하면 좋겠다. 수

백조가 넘는 사내유보금 등 배당가능 수익을 사업에 재투자시
킨다면 실업문제 등을 포함하여 국내 경제상황이 상당히 호전
될 것이기 때문이다.

우선, 배당가능 수익에서 2/3이상을 사회적 목적에 재투자해야
한다고 해서 반드시 그때그때 다 쓰라는 것은 아니다. 용처가
결정이 안됐거나 쓸데가 없으면 안 쓰고 사내에 유보할 수도
있다. '사회적 목적에 재투자'를 위한 재원은 당연히 경영활동
을 통한 수익금이다. 잘 계획을 세워서 사업의 지속가능성에
도움이 되도록 잘 써야 한다. 시설투자, 직원 복지 및 임금상
승, R&D 등 '사회적 목적에 재투자'를 위해 쓸 곳은 많다.

"어떻게 하면 조직을 더 성장시킬 수 있을 것인가?" '사회적
목적에 재투자'와 관련하여 가장 중요한 질문이다. 일반기업이
든 사회적기업이든 수익금의 재투자는 '경쟁력 강화를 통한 지
속가능성 제고와 성장'을 목표로 한다. 이를 목표로 한다면, 사
회적기업의 경쟁력은 '솔루션'에 있다고 여러 차례 강조했듯이,
'사회적 목적에 재투자'는 무엇보다도 각 사회적기업이 해결하
고자 하는 사회문제에 대한 솔루션 강화에 집중되어야 한다고
할 수 있다.

결론적으로, 사회적 목적에 재투자의 목적은 사회적 결핍과 관
련한 수혜자 중심의 재투자를 통해 솔루션을 강화하여 기존 시
장을 확대하고 또 새로운 시장을 개척하며 이를 통해 새로운

사회적소비자들을 구축하여 지속가능성을 높이고 조직을 성장 시키는 '선순환과정'을 만드는데 집중되어야 한다. 여기에 사회 적 목적에 재투자의 진정한 가치와 묘미가 있다. 사회적 목적 에의 재투자는 비용이나 손실. 사회 환원이 아닌 문자 그대로 사업성장을 위한 재투자인 것이다.

각 주체들이 추구하는 지향점의 차이

사회를 구성하는 조직들은 크게 3개 부문_sector으로 구분되어 왔다. 공공성을 대표하는 정부·지방자치단체를 제1섹터, 영리를 추구하는 민간기업을 제2섹터, 비정부단체(NGO)나 비영리조직 (NPO) 등 기타영역을 제3섹터로 구분하는 것이다.

제3섹터는 정부부문과 기업부문을 제외한 부문을 포괄하는 개 념으로서 정부부문과 기업부문을 보완하고 완충하는 역할을 수 행해 왔다. 일반적으로 사회적경제와 사회적기업은 기업부문의 노동시장의 실패로 인한 실업문제와 정부부문의 복지실패로 인 한 복지의 개인화, 사회적 소외 등을 해결한다는 측면에서 주 로 제3섹터로 구분되어 왔다. 최근에는 기존의 사회적기업들도 지속가능성을 위한 영리성이 강조되고 또 사회적기업영역에 영 리기업들이 대거 참여하면서 제3섹터와 구분된 새로운 부문으 로서 제4섹터라는 개념이 등장하고 있다. 제4섹터에서는 영리 와 비영리가 혼재하면서 전통적인 사회적기업으로 볼 수 없는 기업들도 대거 포함되고 있지만, 필자는 이들을 별도로 구분하지 않고 큰 틀에서 모두 사회적기업의 주요 현상으로 인식하고 있다. 이를 굳이 구분하는 것이 큰 의미가 없다고 생각하기 때문이다. 아무튼 사회적기업은 더욱 확산되어야하고, 비영리부문으로서 제3섹터가 이러한 현상들을 모두 담기에는 분명히 한계가 있기에 사회적기업을 제4섹터로 구분하는 것에 동의하는 것이고 이것을 타당하다고 보는 것이다.

아래의 표와 같이, 이들 각 섹터들은 출발선상에서의 동기, 핵심활동, 대상, 자원, 수단 등을 달리하고 있다. 내용도 내용이지만 사용되는 용어도 상당한 차이가 있음을 알 수 있다.

[표] 사회구성 각 주체들의 지향점

구 분	제1섹터 정부	제2섹터 기업	제3섹터 비영리조직	제4섹터 사회적기업
핵심동기	사회통합	이윤추구	사회변화	사회문제해결
핵심활동	정치 (거버넌스)	비즈니스 (마케팅)	사회운동 (캠페인)	소셜 비즈니스 (네트워킹)
서비스명칭	공공서비스	기업서비스	사회서비스 (비영리)	사회서비스 (영리)
대상	국민	소비자	회원, 수혜자	사회적소비자
자원	세금	출자, 투자	지원금, 후원금	출자, 투자 (+사회적 자원)
수단	정책 & 법률	상품 & 서비스	프로그램	솔루션
최종목적	?	?	?	?

특히, 제4섹터에서 사회적기업을 설명하는 사회적소비자, 사회서비스, 네트워킹, 솔루션과 같은 용어들은 매우 중요한 개념들로서 이 책에서 중점적으로 다루고 있다. 다만 이러한 분명한 차이에도 불구하고 정작 이들을 분명하게 구분하게 하는 것은 최종목적이다. 각 섹터에 속한 조직들의 최종목적은 분명하다. 제1섹터는 '권력획득', 제2섹터는 '주주 이익의 극대화', 제3섹터는 '개인의 변화를 통한 사회의 변화'를 최종목적이자 지향점으로 한다. 제4섹터로서 사회적기업은 '확대된 공동의 이익'으로서 'benefit'을 추구하는 것을 최종목적으로 한다. 이러한 최종 목적이 이들을 명확하게 구분하게 한다.

앞서 제4섹터에 속한 기업들이 사회적기업이냐 아니냐를 구분하는 것에 큰 의미를 부여하지 않은 이유가 바로 이것이다. 어느 섹터에 속해 있느냐가 중요한 것이 아니다. 어느 섹터에 속해있건 '주주의 이익'을 추구한다면 일반기업인 것이고 '확대된 공동의 이익'을 추구한다면 사회적기업으로 인정될 수 있는 것이다. 마찬가지로 한국에서 사회적기업이 몇 개가 활동하고 있느냐가 중요한 것이 아니고, 과연 '확대된 공동의 이익'을 추구하는 진정한 사회적기업이 얼마나 활동하고 있느냐가 더 중요하다고 할 수 있는 것이다.

성공적인 사회적기업 경영을 원하는가? 그렇다면 목적지를 분명하게 알아야 한다. '확대된 공동의 이익'이라는 'benefit'을 추구하는 것이 '포지티브섬'의 경제를 지향하는 사회적기업의 최종목적지임을 다시 한 번 확인하고, 이를 실현할 수 있는 구체적인 솔루션과 적합한 비즈니스 모델을 개발하여야 하며, 이를 통해 사회문제해결이라는 사회적 목적 실현을 지속가능하게 할 때 성공적인 사회적기업은 가능하게 될 것이다.

지속가능성

세계적인 비영리연구기관인 로마클럽은 1972년 '성장의 한계_The Limits to Growth'란 보고서에서 '생태계가 미래에도 유지할 수 있는 제반 환경', 즉 '미래의 유지가능성'이란 의미로 '지속가능성_sustainability'이란 용어를 사용하였다. 로마클럽은 저명 학자와 기업가, 유력 정치인 등이 참여해 인류와 지구의 미래에 대해 연구하는 세계적인 비영리연구기관이다. 여기에서 사용된 '지속가능성'이라는 용어는 인간과 자원의 공존, 개발과 보전의 균형과 조화, 현 세대와 미래 세대 간의 연결성 등을 지향하는 개념으로서, 인간 활동, 경제나 경영, 기후와 환경, 국가정책 등 다양한 영역에서 광범위하게 사용되고 있다.

또 이와 함께 언급된 '생태계'라는 용어는 그동안 주로 자연생태계를 의미하여 왔으나, 이제는 사회적, 경제적, 문화적 제반 영역에서 '순환성'과 '지속가능성' 등을 강조하는 용어로서 역시 폭 넓게 사용되고 있다. 특히, 사회적경제는 이러한 '생태계'를 중요시하는 경제이다.

최근 대기업들은 지속가능성의 일환으로 기업의 사회적 책임(CSR), 공유가치창출(CSV)과 같은 사회책임경영과 사회책임투자(SRI) 등을 크게 확대하고 있다. 그들의 핵심 목표와 전략에 이를 대거 포함시키고 있는 것이다. 이러한 대기업들의 움직임은 사회변화에 적응하여 시장에서 그들의 지위를 유지하려는 일종의 생존전략으로 이해해야 된다. 사실 대기업들이 얼마나 진정성을 가지고 사회문제해결에 관심을 가질 것인가에는 회의적이지만, 이들이 장기적 관점을 가지고 사회와의 긴 호흡을 통한 지속가능성을 고민하기 시작했다는 것은 일단 긍정적인 현상이라고 할 수 있다.

지금의 상황을 보면, 대기업들은 지속가능성을 위해 사회적 목적에 눈을 돌리고 있고, 반대로 사회적기업에서는 사회적 목적을 실현하는 조직의 지속가능성을 위해 이윤 창출과 같은 경제적 활동이 강조되고 있다. 이러한 상황이 한편으로는 당연한 것 같지만, 다른 한편으로는 참으로 아이러니하다. 이들 두 가지 요소가 각 영역에서 모두 필요하겠지만, 과연 무엇이 지속가능성의 본질인가에 대해서는 의문이 드는 대목이다.

사실 초기 사회적기업들에게는 태생부터 사회적 목적에 대한 지속가능한 실현을 목적으로 영리활동이 항상 강조되어 왔다. 1980년대 초기 사회적기업들은 주로 미국의 비영리조직들로서 미국 경제상황이 악화되어 후원금이 줄자 지속가능성의 일환으로 경제활동에 눈을 돌리게 된 것이다. 그런데 이제는 경제상황의 변화, 영리조직들의 대거 참여, 사회적기업의 역할 변화 등 상황이 많이 바뀌었다. 지속가능성을 추구하는 방법이나 내용도 달라져야 하는 것이다.

그럼에도 아직까지 사회적기업영역의 화두는 단연 지속가능성이다. 그래서 "사회적기업도 살아남아야 사회적 목적을 실현할 수 있다."라는 말이 종종 회자된다. 이 말은 당연한 것 같지만, 여기에는 함정이 있다. 이 말은 일반시장에서의 경쟁을 전제로 한다. 물론 사회적기업도 기술력과 상품성을 가지고 일반시장 경쟁에 뛰어들어 생존하는 것을 목표로 할 수 있다. 그러나 사회적기업은 본질적으로 사회적소비자를 기반으로 수익을 창출하고 시장을 확대하며 성장하는 특성을 가진 경제조직이다. 사회적소비자는 사회적 목적 실현과정에서 만들어진다. 사회적기업은 살아남아야 사회적 목적을 실현할 수 있는 것이 아니고, 사회적 목적을 실현해야 살아남을 수 있다는 것이다. 이것이 극복해야 할 딜레마이다.

이제, 직원들 월급 주고 집세 내는 것이 지속가능성의 전부라고 생각해서는 안 된다. 언제까지 여기에 머물러 있을 것인가? 필자가 현실을 너무 모르는 소리라고 해도 어쩔 수 없다. 지금은 시야를 넓혀야 할 때이다. 우리는 현실에 매몰되지 말고, 앞서 언급했던 인간과 자원의 공존, 개발과 보전의 균형과 조화, 현 세대와 미래 세대 간의 연결성 등과 같은 지속가능성이 지향하는 본질적인 지점으로 시야를 넓혀야 된다. 이에 대한 비전과 목표를 가지고 여기에 도전해야 된다. 이것이 너무 거창한 목표라고 겁먹을 필요도 없고 또 대기업이나 가창한 조직들의 전유물이라고 포기해서도 안 된다.

사회적기업은 각자가 추구하는 사회문제해결을 통해 사회적경제생태계에서 하나의 중요한 거점조직으로 성장해야 하고 사회적소비자들을 결속시키고 확대하며 다른 사회적경제조직들과의 연대를 통해 이러한 목표들을 실현해내기 위한 보다 장기적인 안목을 가져야 한다. 우리에게는 우리사회에서 연대와 협동을 이끌어 낼 수 있는 '네트워킹'이라는 강력한 무기가 있다는 것을 잊지 말아야 한다. 본질을 놓치지 말고 시야를 넓히시라!

이러한 일련의 과정은 사회적기업이 추구하는 '확대된 공동의 이익'이라는 목표와 정확하게 일치하고 있다. '확대된 공동의 이익'에는 지속가능성이 추구하는 세부 목표지점들이 모두 담겨져 있기 때문이다. 결국 이러한 '확대된 공동의 이익'을 추구하는 과정에서 사회적기업의 지속가능성은 만들어진다. 사회적기업들이 '확대된 공동의 이익'을 추구할 때 사회적경제생태계는 활성화되며, 이것이 무엇보다도 사회적기업의 지속가능성을 담보하는 가장 중요한 기반이 되는 선순환을 만들게 되는 것이다.

사회적경제생태계

우리사회에서 사회적기업을 제대로 육성하고 이를 통해 활성화 시키기 위해서는 '사회적경제생태계'의 조성이 전제되어야 한다. 사회적경제생태계라는 기본 토양이 탄탄하게 조성되어야 비로소 그 위에 사회적기업이라는 씨앗을 뿌릴 수 있고 또 그 성장을 기대할 수 있다.

지구상의 생물들은 서로 먹이사슬이나 공생관계로 그물처럼 엮여있으며, 기후나 토양, 태양에너지 등 주위 환경과 밀접한 관계를 맺고 끊임없는 상호작용 속에서 소멸되고 또 진화해 간다. 이러한 구성요소들을 묶고 연결하여 하나의 통합된 구조로서 '생태계_ecosystem'라고 하는데, 지구에는 크고 작은 다양한 생태계가 존재하고 있다. 자연환경 속의 생태계처럼, 경영·경제 분야에도 다양한 경제조직이 존재하고 이들 역시 생물과 같은 유기체로서 주위 환경과 밀접한 관계를 맺고 끊임없는 상호작용을 통해 소멸·성장을 거듭하고 있다. 이러한 맥락에서 사회적경제생태계도 이해되어야 한다.

생태계에 대한 정의에 사회적경제의 구성요소들을 대입해보면 자연스럽게 사회적경제생태계를 정의 할 수 있다. 사회적경제 조직들도 서로 가치사슬이나 연대와 협동의 관계로 그물처럼 엮여있으며, 이해관계자들로서 다양한 사회주체들과 밀접한 관계를 맺고 끊임없는 상호작용 속에서 소멸되고 또 진화해 가고 있다. 이러한 과정에서 각 구성요소들이 네트워킹을 통해 연결되어 하나의 통합된 구조로서 '사회적경제생태계'를 형성하게 되는 것이다.

또한 여기에도 크고 작은 다양한 사회적경제생태계가 서로 도움을 주고받으며 존재한다. 사회적경제의 호혜적 생태계에서는 시장뿐만 아니라 시민사회의 자발적 참여와 자원봉사, 공공부분의 지원, 기업부문의 협력 등 다양한 사회주체들이 복합적으로 결합되고 구성된다. 공동체적 연대가 시장과 함께하는 것이다. 이들은 경우에 따라서 공유경제를 조직할 수도 있으며, 더 나아가 경쟁하는 일반기업들과도 협력하고 상생할 수 있는 호혜성에 기반을 둔 생태계를 지향하고 있다.

"꿀벌이 없어지면 지구가 멸망한다."라는 말이 있다. 생태계라는 관점에서는 구성요소 하나하나의 존재이유를 중요시한다. 공기, 토양, 태양 등은 물론이고 플랑크톤과 같은 미생물에 이르기까지 각 구성요소들을 없어서는 안 될 존재로 인식하는 것이다. 사회적경제생태계에서도 이러한 관점이 필요하다. 핵심적인 구성요소인 사회적기업들도 사회적경제생태계라는 관점에서 각각 존재의 이유를 만들어 가는 노력이 필요하다. 이것은 사회적경제생태계를 활성화시키는 기본 토양이 된다.

전통적으로도 유럽 등 사회적경제생태계가 활성화되어있는 지역은 정부의 간섭보다는 참여자들이 자발적, 자주적 활동이 활성화 된 곳들이다. 반면, 한국은 정부주도로 사회적기업을 육성하여 왔다. 지난 10년동안 정부주도로 3,000개에 이르는 적지 않은 숫자의 (예비)사회적기업들이 생겨나게 되었고 사회적경제 생태계를 활성화시키기 위한 많은 노력을 해 왔다. 하지만 지금까지의 결과에서 정부의 노력만으로는 분명한 한계가 있음이 드러나고 있다. 생태계에서 강조되는 연결성, 순환성, 지속가능성 등에서 허점들이 나타나고 있는 것이다. 현재 국내에는 사회적기업과 함께 협동조합, 마을기업, 자활기업 등 2만개가 넘는 사회적경제조직들이 활동하고 있지만, 숫자가 중요한 것이 아니고, 이제 이에 걸맞은 사회적경제생태계를 만들고 활성화 하기 위한 사회적경제조직들 스스로의 노력이 필요한 시기가 되고 있다.

사회적기업에서 '확대된 공동의 이익'이 강조되는 것은, 이것을 추구하는 과정에서 사회적소비자의 확대, 연대와 협동의 확산과 성과의 공유, 관련 인프라의 확충 등 사회적경제생태계를 활성화하는 핵심요소들을 만들어 낼 수 있기 때문이다.

'확대된 공동의 이익'에는 재무적 이익과 함께 조직의 경영활동에 참여하는 내부참여자(직원), 수혜자, 소비자, 거래처 등 주요 이해당사자들이 사회문제해결을 통해 얻게 될 사회적 이익이 포함된다. 결국, 이들의 결속과 확장을 통해 연결성을 강화시켜 '확대된 공동의 이익'을 추구하는 과정에서 사회적경제생태계는 활성화되며, 이것이 공동의 이익을 더욱 확대시켜 지속가능성을 강화시키는 선순환을 만든다. 이것이 '확대된 공동의 이익'으로서 'benefit'이 사회적기업의 최종목표가 되어야 하는 분명한 이유이다.

11 사회적 성과를 평가하고 활용하라

사회적기업의 가치는 사회적 성과를 통해 발현되기 때문에, 그 가치를 인정받기 위해서 사회적 성과에 대한 측정과 평가가 반드시 수반되어야 한다. 이것은 사회적 영향력으로서 소셜 임팩트_social impact를 만드는 매우 중요한 과정이다. 사회적 성과에 대한 평가는 그 가치를 사회에 더 효과적으로 확산하고 더 큰 사회적 성과를 만드는데 목적이 있다. 이것은 사회적 성과 그 자체를 '증명'하고, 향후 성과를 '개선'시키는 단계별 목표를 제공하며, 더 큰 사회적 성과를 내게 하는 '밑거름'이 되는, 사회적기업에 있어서 선택이 아닌 필수적인 과정이다.

사회적 성과에 대한 측정과 평가

지난 10년 동안 사회적경제 영역이 본격적으로 확대되면서 이에 따라 사회적경제조직, 특히 사회적기업의 사회적 성과에 대한 관심도 매우 높아지고 있다. 사회적 성과는 사회적기업이 추구하는 사회적 목적 실현에 따른 성과로서, 넓은 의미에서 사회적 목적 그 자체의 가치, 참여자의 범위와 변화의 질, 사회적 효용 그리고 고용이나 수익과 같은 경제적 성과 등을 포함하는 개념이다.

사회적기업의 가치는 사회적 성과를 통해 발현되기 때문에, 사회적기업이 그 가치를 인정받기 위해서는 사회적 성과에 대한 측정과 평가가 반드시 수반되어야 한다. 이것은 사회적 영향력으로서 소셜 임팩트_social impact를 만들고 강화하기 위한 매우 중요한 과정이다. 사회적 성과에 대한 평가를 통해 그 내용과 가치가 측정되고 평가되어 사회구성원들에게 공유되어 확산될 때 사회적 영향력이 만들어진다. 또한 이것이 사회적기업이 궁극적으로 목표로 하는 사회변화를 견인하게 된다. 최근에는 사회적기업과 같이 사회적 가치실현을 경영활동의 목표로 하는 '임팩트 비즈니스'가 일반기업에서도 점차적으로 확산되고 있다.

사회적기업가들은 자신들의 사회에 대한 좋은 영향들과 활동들이 다른 사람에게 평가받는 것을 꺼려하는 경향이 있다. 다른 사회적기업과 비교되어 우열을 가린다는 점, 평가 자체가 사회적 가치를 훼손할 수 있다는 점, 신뢰할 만한 평가기준이 없다는 점 등이 부정적 생각을 갖게 하는 요소들이다. 그럼에도 불구하고, 사회적기업에서 사회적 성과는 조직의 존재의 이유이고 핵심 목표이기 때문에 이를 평가하고 또 점검하는 것은 중요한 경영활동의 일부가 되어야 한다. 사회적 성과에 대한 평가를 통해 그 결과물을 만드는 것은 그 가치를 사회에 더 효과적으로 확산하고 더 큰 사회적 성과를 만드는 것을 목적으로 하는 매우 중요한 의미가 있다.

사회적성과에 대한 평가는 사회적 성과 그 자체를 '증명'하고, 향후 성과를 '개선'시키는 단계별 목표를 제공하며, 더 큰 사회적 성과를 내게 하는 '밑거름'이 된다. 사회적기업에 있어서 선택이 아닌 필수적인 활동이며 중요 과정인 것이다.

사회적기업에서 사회적 성과에 대한 평가는 자신들의 사회적 영향력을 '증명'하는 중요한 과정이다. 사회적 영향력에 대한 '증명'을 통해 사회적 가치를 '인정'받는 것은 그 자체가 사회적 가치를 확산하는 유용한 수단이다. 또한 사회적 시장을 확장하기 위한 사회책임조달(우선구매), 대기업 CSR·CSV와의 협력, 자원연계, 투자유치 등에도 결정적인 역할을 한다. 그리고 사회적 성과에 대한 평가는 그것이 단지 '증명'에 그치는 것이 아니라 조직을 '개선'시켜 사회문제해결의 혁신을 이끌어 내는 중요한 계기를 제공한다는 점에서 또 다른 중요한 의미를 갖는다. 또한 사회적기업이 목표로 하는 사회적 목적이 얼마나 실현되고 있는지, 사회적 목적을 더욱 효과적으로 실현하기 위해서 어떻게 조직과 활동을 효율적으로 개선해 나가야 할지에 대한 중요한 단계별 목표를 제공하는 이정표이자 나침반으로서 사회적기업이 더 큰 사회적 성과를 내게 하는 '밑거름'이 된다.

사회적기업은 사회적 성과의 평가에 대한 결과물들을 축적하고 순환시켜 자신들의 사회문제해결방법을 혁신하고 강화함으로써 더 큰 사회적 성과를 낼 수 있다. 따라서 내부적인 기준 내지 체크리스트를 만들어 끊임없이 사회적 성과를 궁극적으로 측정·점검하고 평가하는 과정을 반복해야 한다. 또 기회가 된다면 외부에서 진행하는 사회적 성과에 대한 평가에 적극적으로 참여하여 객관적인 평가를 받아보는 것도 필요하다. 사회적 성과에 대한 평가가 사회적기업의 성공에 있어 전 방위적인 역할을 한다는 것이 최근 주요 사례들에서 입증되고 있다.

사회적기업들은 사회적 성과에 대한 측정과 평가를 통해 사회적·경제적 목적 실현을 위한 경영 활동에서 부딪히게 되는 여러 가지 한계와 문제들을 극복해 낼 수 있는 기회와 역량을 강화할 수 있는 두 마리 토끼를 잡을 수 있다. 그리고 이를 통해 소셜 임팩트를 더욱 효과적으로 확장시킬 수 있다. 사회적 성과가 항상 소셜 임팩트를 만드는 것은 아니다. 사회적 성과에 대한 적절한 측정과 평가가 뒤따라야 하는 것이다.

한편, 사회적기업의 사회적 성과에 대한 평가는 여러 사회적기업들을 통해 축적되어 순환, 공유, 결합될 때 더욱 강력한 소셜 임팩트를 만든다. 사회적 가치의 순환, 공유, 결합은 또 다른 사회적 가치를 만드는 중요한 사회적 자원으로서 사회적경제생태계의 기본 토양이 된다.

사회적 성과에 대한 평가방법들

원래 사회적기업과 같은 사회적경제조직들은 성과보다는 과정을 더 중요시하는 경향이 있다. 그래서 영리기업보다 성과를 측정하고 관리하는 것에 익숙지 않다. 또 평가나 측정에 대한 유용한 수단들이 미흡하다는 것도 문제이다. 아직은 평가주체, 평가방법, 평가기준 등 여러 가지 측면에서 통일된 기준이 없고 매우 미흡한 실정이기 때문에 이를 위한 학계, 업계, 정책당국에서의 다양한 연구와 노력 그리고 경험의 축적 등이 필요한 상황이다. 특히, 핵심 이해당사자로서 사회적기업들의 적극적인 참여가 요구되고 있다.

해외에서는 1980년대 초 사회적기업에 대한 개념과 가치가 미국을 중심으로 유럽 등지로 확산되기 시작한 이래 2000년을 전후해서 어느 정도 틀을 갖춘 사회적 성과에 대한 평가기준과 방법들이 나타나기 시작하였다. 대표적으로 일반기업의 투자수익률(ROI)을 계산하는 방식에 사회적 가치에 대한 평가항목들을 결합한 SROI (Social Return on Investment)가 일반적으로 많이 활용되고 있으며, 등급제 시스템에 의해 각 성과를 표현하는 GIIRS (Global Impact Investing Rating System), 온라인 평가 소프트웨어 Social E-valuator, 온라인 측정 및 평가 플랫폼 Sinzer 등이 있다.

한편, 미국의 비영리단체 B-Lab은 고용, 고객, 지역, 환경, 지배구조 등을 5대 기준을 중심으로 평가항목을 구성하여 2007년부터 비콥_B-corporation인증을 시행하고 있는데, 세계적으로 사회적경제 영역에서 상당한 권위를 인정받고 있다. 사전심사와 인터뷰 그리고 본 심사에서는 180개 항목에 대한 답변을 준비해야 하는 등 인증절차가 매우 까다롭다. 현재 전 세계적으로 매년 인증을 시행하여 약 1000개가 넘는 기업들이 비콥인증을 받아 활동하고 있으며, 한국 기업들 중에도 딜라이트, 트리플래닛, 희망을만드는사람들, 에바인, 임팩트스퀘어, 쏘카, 에코준컴퍼니, 제너럴바이오 등이 인증을 획득하여 활동하고 있다.

특히, 제너럴바이오는 인증점수에서 세계 7위를 기록하였을 뿐만 아니라 국내 사회적기업 최초로 코스닥상장을 앞두고 있기도 하다. 사회적기업의 상장은 국내뿐만 아니라 세계적으로도 의미를 부여받을 만한 놀라운 사건이다. 이는 이 책에서 강조하는 사회적 가치를 통한 경제적 가치 창출의 대표적인 실제사례가 될 것이다.

한편, 국내에서도 주목할 만한 시도로서 SK그룹의 지원으로 2015년부터 시행되고 있는 사회성과인센티브(SPC : Social Progress Credit)라는 것이 있다. 사회성과인센티브는 사회적기업이 사회문제 해결을 통해 창출한 사회적 성과를 경제적 가치로 환산하여 사회적기업을 지원(보상)함으로써 사회문제해결의 혁신동기를 유발하여 사회적기업의 성장을 돕는 것을 주요 내용으로 하고 있다. 현재 상당수의 사회적기업들이 이 프로그램에 참여하여 혜택을 받고 있는데, 그 방법이나 기준에서 동의되지 않는 내용들이 상당부분 있지만, 앞서 언급한 대로 초기 걸음마 단계의 국내 사회적 성과에 대한 평가분야에서 흔치 않은 참신한 시도로서 그 의미가 크다 할 수 있다. 향후 그 기준이 더욱 보완되는 과정에서 더 많은 논의와 현장의 의견수렴 그리고 추가적인 연구가 지속적으로 진행되어야 할 것이다.

사회적기업의 성과를 어떻게 측정하고 평가할 것인가에 대한 문제는 그 평가 기준을 포함한 평가방법을 어떻게 만들 것인가에 대한 문제로 요약된다. '사회적 성과'는 역사적, 지역적, 기업적 배경과 상황 등이 포함되어 측정되어야 하기 때문에 공통된 기준과 표준화된 객관적인 방법을 만드는 것은 매우 어려운 문제이다.

아래 표는 사회적기업 내부에서 스스로 사회적 성과를 점검해 볼 수 있는 체크리스트로서 이에 대한 몇 가지 중요한 기준을 제시하고 있다. 항목을 변경하거나 추가해서 자신만의 체크리스트를 완성해 보고 이를 통해 사회적 성과에 대한 목표수립, 점검과 관리, 평가를 지속적으로 진행해 보기를 바란다.

[표] 소셜 임팩트 맵

소셜 미션	사회적 결핍 (해결하고자 하는 사회문제)	소셜 미션의 필요성, 희소성, 독특성
		제안가치에 대한 디토우(동의) 정도
	솔루션 (문제해결방식)	실현(해결)가능성
		차별성, 창의성
네트 워킹	네트워킹의 범위	참여자의 개별경쟁력
		참여자의 규모, 확장성
	네트워킹의 질	결합 방식의 강도, 안정성
		솔루션 융합의 완성도, 효용성, 혁신성
사회적 성과	고용 및 사회서비스	양질의 일자리 및 사회서비스의 확대
		참여자 및 수혜자의 변화(삶의 질 향상)
	기타 사회적 효용	지역 및 공동체 이해관계자의 문제해결
		사회변화, 산업구조의 문제해결
경제적 성과	매출(수익)	매출 규모, 순이익 규모, 투자수익률
		매출의 확장성, 시장의 잠재력
	사회적목적에의 재투자	대내 : 시설 & 장비 등 재투자, 복지확충
		대외 : 사회적소비자 확대, 사회공헌

사회적 성과와 경제적 성과와의 관계

가끔 "사회적기업에서 '사회적 목적'과 '이윤추구' 중에서 무엇이 더 중요한가요?"라는 곤란한 질문을 받곤 한다. 일단, '사회적 목적'은 그 자체가 사회적기업의 존재이유이기 때문에, 심정적으로는 사회적 목적이 더 중요하다고 말하고 싶지만, '이윤추구'와 관련해서 "사회적기업도 살아남아야 사회적 목적을 추구할 수 있다"라는 논리에서는 아무리 사회적 목적을 강조하는 사람도 말문이 막힌다. 필자도 마찬가지이다. 사회적기업에서 "사회적 목적과 이윤추구 중에서 무엇이 더 중요한가?"에 답을 하는 것은 그리 단순한 문제가 아닌 듯하다.

일반적으로 사회적 성과와 경제적 성과라는 서로 상반된 두 가지 목표는 따로 구분하여 인식되어 왔고 이것을 같이 병행하는 것은 각각의 효율을 저하시킨다고 생각되어 왔다. 그동안 일반 기업들도 소위 기업의 사회적 책임(CSR)을 통해 사회적 활동을 하고 있지만 어디까지나 액세서리 정도로 취급해 왔고, 비영리 조직들도 일부 영리 활동을 하지만 그들의 사회적 목적과는 분명한 선을 그어 왔다. 그런데 이러한 인식에 상당한 변화가 나타나고 있다. 기업들은 CSR을 경영의 중요한 부분으로 생각하기 시작하였고 더 나아가 공유가치창출(CSV)이라는 개념까지 도입하여 사회적 가치 창출을 통해 새로운 시장기회를 발굴하고 있다. 이러한 변화는 최근 사회적경제가 주목받기 시작한 것과 상당한 상관관계가 있다.

아이들에게 "아빠가 좋으니? 엄마가 좋으니?"라는 질문을 하곤 한다. 그런데 어떤 아이의 답이 아빠도 엄마도 아닌 "둘 다 좋지만, 그때그때 달라요"였다. 햐~ 무지하게 훌륭한 아이다! 우문(愚問)에 현답(賢答)이라고나 할까!

"사회적 목적과 이윤추구 중에서 무엇이 더 중요한가?"에 대한 답도 이 아이의 답과 비슷한 것 같다. 두 가지 목적이 모두 중요한데, 상황과 국면에 따라 어느 것이 더 강조 될 수 있는 것 뿐이다. 사회적기업에서 사회적 성과와 지속가능성은 이윤을 추구하는 경영활동 과정에서 만들어진다. 이러한 경영활동은 수익창출을 통해 조직의 지속가능성을 높이고, 사회적 성과를 만드는 문제해결과정을 효율적으로 하는 것을 목적으로 한다. 이러한 이유에서 사회적기업은 '사회적 목적을 실현하기 위한 경제조직'이라고 정의되는 것이다.

사회적기업의 영리활동은 사회적 목적 실현의 중요한 핵심수단이 된다는 점에서 일반기업이나 비영리조직과는 비교할 수 없을 정도로 사회적 성과와 경제적 성과와의 관계가 훨씬 더 밀접하다. 어떤 경우에는 사회적 성과와 경제적 성과에 대한 엄밀한 구분도 필요하겠지만, 또 어떤 경우에는 이를 동시에 고려하는 통합적인 관점도 필요하다. 사회적 성과는 새로운 시장기회를 제공하여 경제적 성과를 견인하고 경제적 성과는 더 큰 사회적 성과를 내게 하는 지속가능성의 토대가 되는 '순환성'이라는 특성을 갖기 때문이다. 최근 사회적기업 영역에서 사회적 성과에 경제적 성과를 중요한 항목으로 포함하여 설명하는 경우를 종종 볼 수 있다. 결국. 사회적기업에서 '사회적 목적'과 '이윤추구'는 서로 구분되는 개념이 아니고, 원인-과정-결과라는 인과관계로 연결되어 상호 영향을 주고받는 통합적 관점에서 이해되어야 한다.

앞서 언급했던 탐스슈즈는 사회적 가치 추구를 통해 경제적 성과를 이룬 대표적인 사례이다. 이들의 성공요인은 다양하게 제시될 수 있겠으나, '내일을 위한 신발_Shoes for Tomorrow'이라는 슬로건 아래에서 신발 한 켤레를 사면 신발 한 켤레가 제3세계 어린이들에게 1+1방식으로 기부되는 프로그램을 통한 사회적 가치 실현이 경제적 성과의 가장 중요한 성공요인이었다는 것에 이의를 제기할 사람은 거의 없을 것이다.

뉴먼즈오운은 영화배우 폴 뉴먼은 자신의 이름을 따서 만든 기업이다. 유기농 샐러드드레싱을 만드는 회사인데 수익금 전액을 제3세계 어린이들에게 기부하고 있다. 이른바 수익을 통한 사회공헌형 사회적기업이다. 수익금을 전액 기부하는 것 이외에 수익창출과정에서는 어떠한 사회적 목적도 발견할 수 없지만, 심지어 이런 경우에도 사회적 성과와 경제적 성과는 상당히 밀접한 관계에 있다고 할 수 있다. 기업의 설립 동기가 사회적 목적에 있고, 지금은 영화배우 폴 뉴먼이라는 유명세 그리고 최고 품질의 상품과 더불어 이 회사의 사회적 가치를 추구하는 사회공헌활동의 결과가 경제적 성과를 이끌고 있기 때문이다.

최근에는 사회적 성과를 아예 경제적 성과를 나타내는 재무제표에 반영하기 위한 움직임도 있다. 영리기업에서는 일반적으로 재무제표라는 것을 통해 경제적 성과를 평가한다. 물론 실제로는 재무제표만으로 모든 것을 판단하는 것은 아니지만 '자본', '부채', '자산', '매출', '손익' 등 주요 항목들을 통해 최소한의 유용한 판단기준을 얻을 수 있다. 여기에 나타나는 수치들은 대부분 경제적 지표들로서, 기업회계기준에 의해서 작성되는 재무제표에 사회적 가치를 정량화하여 수치로 반영한다는 것은 현실적으로 쉽지 않은 일이다. 그럼에도 불구하고 사회적 가치를 경제적 가치로 환산하려는 다양한 시도가 진행되고 있는 것은 이것 자체가 상당한 의미를 갖기 때문이다. 이후에도 재무제표에 어떻게 사회적기업의 사회적 성과를 포함시킬 수 있는지에 대한 문제는 사회적기업 영역에서 지속적으로 고민해야 할 중요한 과제가 될 것이다.

사회적 성과는 시장 확대와 새로운 시장기회를 제공하여 경제적 성과를 견인하고 경제적 성과는 사회적 성과를 지속가능하도록 하는 토대가 된다. 이러한 선순환에서 사회문제해결에 대한 솔루션이 더욱 업그레이드되고 정교해 진다. 더 큰 사회적 성과가 뒤따르게 되는 것은 당연할 결과이다. 사회적기업은 그들에게 궁극적으로 요구되는 성과가 무엇인지를 잘 생각하고 이를 실천할 수 있는 계획과 방법들을 수립하고 이에 대한 성과를 관리해야 한다. 사회적 성과를 바탕으로 바로 이러한 선순환을 만들어야 내는 것이 사회적기업의 핵심 목표인 것이다.

임팩트를 만들기 위한 목표관리

일반적으로 비영리조직은 사회적 활동에 집중하는 것에 비해 자원의 효율적인 배분, 조직의 최적화 등 관리영역을 상대적으로 소홀히 하는 경향이 있다. 우리는 그들의 후원금 모금총액은 알 수 있지만(아니 이것조차 알 수 없는 경우도 허다하다), 이것이 구체적으로 누구에게 어떻게 쓰였는지는 거의 알지 못한다. 물론 이것만으로 대부분의 비영리조직들이 비효율적으로 운영되고 있다고 단정할 수는 없겠지만, 사실 미국을 중심으로 유럽 등지에서 사회적기업이 태동하게 된 배경에는 비영리조직들의 사회적 활동을 보다 개선하여 지속가능하게 하기 위한 현실적인 이유도 중요하게 자리 잡고 있었다. 비영리조직들이 지속가능성을 확보하면서 사회적 성과에 대한 목표를 세우고 이를 실현하는 과정에서 효율성을 추구하면서 비즈니스방식을 도입하게 되었고 이것이 사회적기업이라는 새로운 사회문제해결을 위한 경제조직의 출현을 견인하게 된 것이다.

'목표관리_Management by Objectives : MBO'는 조직의 목표와 개인의 목표를 명확하게 설정하고, 조직의 목표달성을 위한 실행전략을 수립하여 추진하며, 이에 대한 결과를 평가하여 활용하는 경영활동이다. 기업에서 경영성과를 끌어올리기 위한 중요한 수단으로 활용되고 있다. 목표관리는 효율적인 목표달성을 위한 계획(Plan) → 실행(Do) → 평가(See)의 순환과정으로 요약된다.

사회적기업에서 목표관리를 통해 사회적 성과에 대한 정량적인 목표를 세우고 이를 관리해야 한다는 말은 다소 불편하게 느껴질 수도 있다. 그럼에도 사회적기업에서 이를 적용해야하는 것은 사회적 성과를 효율적으로 달성하기 위한 유용한 수단이기 때문이다. 사회적 성과에 대한 목표관리란 사회적 성과에 대한 목표세우고 이를 실행 및 점검하며 평가하는 관리과정이다. 이것 역시 사회적 성과에 대한 계획 → 실행 → 평가의 순환과정으로 요약될 수 있다. 따라서 사회적 성과에 대한 올바른 평가를 위해서는 계획단계에서 목표가 명확히 제시되어야 하고 실행단계에서 이에 대한 제대로 된 점검이 전제되어야 한다.

"출발이 반이다."라는 말도 있지만, 제대로 된 출발이 더 중요하다. 사회적 성과에 대한 계획은 사회적 목적을 기초로 수립된다. 사회적 목적에 기초하지 않은 사회적 성과란 존재할 수 없다. 사회적 성과에 대한 계획은 소셜 미션 그 자체의 가치에서 출발하여 참여자의 범위와 질, 수혜자를 포함한 공동체의 사회적 효용, 고용이나 수익과 같은 경제적 성과에 까지 세부 내용과 전략을 수립하고 이에 대한 구체적인 정량적, 정성적 지표를 만드는 것이다. 이것을 조직의 목표를 근접시키는 것은 쉽지 않은 일이지만, 이것이 사회적 성과를 만들어내는 첫 단추가 된다는 점에서 매우 중요한 요소가 된다.

사회적기업은 일반기업과 중요한 차이점이 있다. 사회적기업에는 다양한 이해관계자가 소비자로 존재한다는 것이다. 일반기업에도 다양한 소비자들이 존재하겠지만 큰 범주에서는 비용지불자라는 동일한 특성을 가지고 있고, 성과도 이들에게 집중되어 있다. 비교적 단순하다. 반면, 사회적기업의 사회적 성과는 다양한 이해관계자들로부터 만들어 진다. 사회적기업에는 사회적 목적의 대상이 되는 수혜자, 제품과 서비스에 비용을 지불하는 일반 구매자, 사회적 목적에 동의하는 공공, 대기업, 비영리부문, 후원자, 일반인 등 본질적으로 특성을 달리하는 다양한 소비자들이 존재한다. 따라서 우선적으로 이들이 누구인지 정의하는 것이 필요하며, 각각 상이한 목적과 특성을 가지고 있는 이들 모두를 만족시키고 이들에게 인정받을 수 있는 목표를 이끌어 내는 것이 중요하다. 계획단계에서 이들이 관심을 두는 각각의 문제들을 보다 세밀하게 파악하고 이들의 요구가 수용될 수 있어야 한다. 사회적기업이 의사결정구조에 다양한 이해관계자들을 참여시키는 이유가 바로 여기에 있다.

사회적 성과의 극대화

성공적으로 운영되고 있는 주요 사회적기업들을 살펴보면, 모두 강력한 솔루션을 통해 광범위한 사회적 결핍들을 해결하면서 사회적 성과를 극대화하고 있는 공통점이 있다. '강력한 솔루션'이라는 것은 문제해결에 대한 유용성, 실질성. 실제성, 범위, 질 등이 고려되어 평가된다. 이러한 솔루션의 속성과 밀접한 관계 속에서 사회적 성과는 만들어지고 극대화 된다.

/ 어떻게 강력한 솔루션을 보유하게 되는가?
/ 어떤 요소들이 솔루션을 강력하게 만드는가?

우선, 강력한 솔루션들은 공통적으로 뛰어난 사회적기업가정신으로 부터 비롯된다. 사회적기업가의 진정성과 열정 그리고 리더십 등은 솔루션을 강력하게 한다. 이 책에서 소개하고 있는 사회적기업가들이 모두 여기에 해당된다. 이들이 사회적기업을 설립하고 성공적으로 성장시킨 배경에는 탁월한 사회적기업가정신이 있었다. 단순히 운이 좋았거나 시장이 준비되어있었기 때문이 아니라 사회문제해결에 사회적기업가 본인의 역량, 자원, 네트워킹 능력을 집중할 수 있게 한 사회적기업가정신이 있었던 것이다.

또한 사회로부터 '자원연계'와 같은 상당한 사회적 협력이 결합되었다. 먼저 자원이란 기업에서는 보통 자산이라고 표현할 수 있는 것들로, 자본은 물론이고 기술이나 브랜드 같은 지적 자산, 물적 자산, 인적 자산 등을 포함하여 솔루션을 구현하는데 필요한 핵심요소들이다. 사회적기업은 이를 자체적으로 확보할 수도 있지만, 자원연계와 같은 사회적 협력을 통해 확보할 수도 있다. 한편, 사회적 협력은 국가마다 차이가 있고 사회적 풍토와 매우 밀접한 관계가 있는데, 국내 상황은 유럽이나 미국의 그것에 비해서는 상당히 열악하다. 사회적 성과를 통해 사회적기업의 가치가 확산되고 인식의 변화가 필요하며 이것이 다시 사회적 협력으로 이어지는 선순환이 필요한 상황이다.

그 다음 공통점은 사회적경제조직들과의 연대와 협동 통해 솔루션을 융합했다는 것이다. 어떤 사회문제라도 간단히 쉽게 해결할 수 있는 것은 거의 없다. 보다 가치있고 중요한 그리고 광범위한 사회문제일수록 더욱 그렇다. 그래서 솔루션들이 힘을 모아 공동의 목표로 솔루션을 융합하는 것이 중요하다. 융합솔루션은 대부분의 경우에 사회문제 해결에서 더욱 강력한 힘을 발휘한다. 또한 어떤 경우에는 서로 특성이 다른 이질적인 솔루션들이 결합하여 공동의 사회적 목적을 실현하는 것이 더욱 효과적일 때도 있다. 이렇듯, 성공한 사회적기업들은 융합솔루션을 만들기 위해 솔루션을 보유한 사회적경제조직들과의 다양한 연대와 협동을 이끌어왔다. 앞서 자원연계라는 것도 다양한 솔루션들이 결합되는 과정에서 훨씬 용이하게 연결된다. 한편, 솔루션의 혁신이라는 것도 사회적기업 내부에서의 개선을 통해서도 가능하지만, 사회적경제조직들과의 사회적 협력을 통해 이루어낼 수도 있다.

사회적 성과의 활용과 확장성

사회적기업도 일반기업처럼 비즈니스방식을 전략적으로 활용하여 경영혁신과 효율을 추구한다. 핵심은 달성하고자 하는 목표와 성과를 고려하여 계획을 수립하고 활동을 전개하고 이를 평가·분석하여 활용하는데 있다. 조직의 사명을 정의하고 목적 달성을 위한 전략을 수립하여 실행하고 성과를 평가하고 분석하여 활용하는 것을 주요 골자로 한다. 우선, '사명'으로서 '사회적 목적'을 명확히 하는 것에서 사회적기업 경영은 출발한다. 사회적기업들이 성공적으로 운영될 수 있는 요인은 사회적 목적과 연결된 사회적 문제를 해결하는데 노력한 데서 온다. 사회적 목적이 중요한 이유는 사회적기업구성원과 이해관계자들이 장기적인 목표를 달성하겠다고 합의하는 구심점이기 때문이다. 다음으로 사회적 목적과 사업목표, 시장상황을 통합하는 '전략'을 수립해야 한다. 성공적으로 목적을 실행하기 위해서 목표지향적인 전략과 실행계획이 필요하다. 그리고 실행에 대한 성과를 비교, 분석, 평가하고 피드백하여 기업 활동에 활용되도록 하는 것이다.

사회적기업에서 사회적 성과의 측정과 평가는 효율성과 효과성이라는 두 가지 측면에서 진행되어야 한다. 과정과 결과에 이를 지속적으로 반영하기 위함이다. 측정된 성과를 조직의 목표, 사업의 전략과 프로세스, 실행방식, 제품과 서비스 등의 개선에 지속적으로 반영하는 것이다. 이런 활동을 통해 실질적인 개선이 수혜자의 삶 속에서 실현되는지, 목적하는 사회변화가 달성되고 있는지를 끊임없이 추적하고 부족한 부분을 파악하여 이것이 반영되도록 하는 것이 중요하다. 그리고 이러한 프로세스가 시스템으로 조직에 안착되도록 해야 한다. 이러한 과정이 지속될 때 더 큰 사회적 가치로 확장되는 선순환을 만들 수 있다.

사회적기업들은 자신들이 해결하고자 하는 사회문제영역에서 사회구성원들이 더 나은 삶을 살 수 있도록 성과를 도출하고 사회적 영향력을 만듦으로써 사회적 성과가 지속적으로 확장될 수 있도록 해야 한다. 이를 위해 '미션·전략·성과'라는 관점에서 사업을 점검하고 실행해야 하며, 사회적 목적과 성과가 사회변화에 직접적으로 연결된다는 점에서 영리기업과 차별성을 인식하고, 사업의 효과성과 효율성을 극대화할 수 있는 자신만의 전략과 실행계획을 만들어서 역량을 집중해야한다.

한편, 사회적기업은 사회적 성과의 확장성을 높이기 위해 다양한 매체를 활용하는 커뮤니케이션 활동에 주력할 필요가 있다. 이러한 활동을 통해 자신의 성과를 사회구성원들과 공유되어 인식의 변화를 만들어 궁극적으로 사회문제해결 국면에서 이들의 적극적인 참여를 이끌어내는 것이다. 이는 바람직한 사회변화의 청사진을 제시하는 사회적 담론을 이끌어 내며 사회적기업의 활동에 대한 사회적 신뢰를 쌓는 것을 목표로 한다. 사회적 성과가 사회적으로 확장성을 가질 때 지속적인 사회변화가 가능하게 된다.

사회적기업가정신

미션   진정성   실천

송어와 연어의 이야기

Progress : 더 나은 세상을 위하여

'사회적기업가정신'을 경영학에 뿌리를 둔 '기업가정신'에서 파생된 개념이라고 말하는 사람들이 있는데, 필자는 여기에 전혀 동의하지 않는다. '사회적기업가'와 '기업가'가 다른 개념이듯이, 경제적 동기에 변화나 혁신과 같은 가치들이 결합되어 있는 '기업가정신'과 사회적 동기에서 출발된 '사회적기업가정신'은 본질적으로 상당히 다른 개념이다. 이들 간에는 분명한 차이가 있다. 사회적기업가들은 경제적 동기가 아닌 사회적 동기에 따른 새로운 리더십으로서 소셜 리더십을 요구받고 있다.

송어와 연어 이야기

송어는 연어는 같은 연어과 어종으로서, 깊은 산 강의 상류지역에서 태어나 하류로 내려와 살다가 산란기가 되면 산란을 위해 자신이 태어난 곳으로 다시 돌아오는 물고기들로 알려져 있다. 이는 이들이 자신들의 출생지의 흔적을 기억하기 때문이라고 한다. 송어와 연어는 거의 유사한 물고기들로 보이는데 실은 큰 차이가 있다. 영어권에서 송어는 트라우트_trout, 연어는 살몬_Salmon이라고 하는데, 트라우트는 연해를 오가며 주로 강 하류에서 사는 물고기이고, 살몬이라 불리는 연어는 강에서 태어나지만 깊은 바다에서 대부분의 생을 살고 죽기 직전 산란을 위해 강으로 돌아오는 물고기이다. 연어들은 이 과정에서 지쳐죽기도 하고 포식자에 먹잇감이 되어 약 5~10%정도만이 살아 돌아와 산란에 성공한다고 한다.

여러분들이 송어와 연어의 짧은 이야기에서 앞서 제1장에서 언급했던 '필요'와 '결핍'에 대한 내용이 떠올랐다면, 필자가 이 책을 쓴 보람이 있을 듯하다!

우리 인생들도 송어 또는 연어와 같은 인생들이 있다. 송어와 같은 인생들은 '필요'에 부응하여 살며, 자기중심적이기는 하지만 자기 앞가림도 어느 정도 잘하고, 큰 무리 없이 그냥 무난히 인생을 사는 사람들이다. 변화보다는 안정을 추구하는… 뭐 이러한 인생이 절대 나쁘다는 것은 아니다. 그러나 다른 한편에는 연어와 같은 인생들도 있다. 이들은 이해하기도 힘든 '결핍' 같은 것에 주목하고, 문제투성이인 사회에 순응하기보다는 실패의 위험을 감수하며 남들이 불가능하다고 생각하는 사회문제들을 해결하고자 하는 일에 자신의 삶을 내던진다. 사회의 변화를 추구하며 '결핍'을 해결하고자 끊임없이 무모해 보이는 도전을 해나가는 사회적기업가들의 모습에서 바다로 뛰어드는 연어가 연상되지 않는가?

사회적기업가들은 해결하고자 하는 사회문제, 사회적기업가 자신의 문제, 조직의 문제 그리고 사회적기업의 경영 등 다양한 현실적인 문제에 직면해 있다. 또 이들에게는 기업경영 과정에서 경험의 부족, 인적·물적 자원의 부족, 우호적이지 않은 시장 환경 등 극복해야 할 문제가 산적해 있다. 사회문제해결에는 끝이 보이지 않는다. 문제와 문제, 또 문제들… 어둡고 긴 터널 속에 갇혀 누구에게 도움을 청할지도 막막하다. 하소연 하거나 상의할 사람도 많지 않다.

이렇듯, 사회문제해결이라는 바다는 쉽지 않은 도전이 연속되는 곳이다. 지름길도, 정답도 없다. 또 다양한 실패의 위험이 항상 뒤따른다. 그러나 사회적기업가정신으로 무장한 사회적기업가들은 결코 물러서거나 포기하지 않는다. 진정성과 열정으로 무장하고 연대와 협동을 통해 서로를 이끌며 사회문제해결을 통해 기어코 사회변화를 이루어 내고자 한다. 또 이를 통해 성공의 열매를 함께 나누기 위해 확대된 공동의 이익을 추구한다. 이것이 바로 사회적기업가정신이다!

이제 사회적기업가정신으로 무장하고 두려움을 갖지 말고 실질적으로 사회문제를 해결해 가는 진정한 사회적기업에 도전하라! 문제해결의 바다로 뛰어드는 것이다! 사회적 목적에 대한 진정성과 열정, 사회문제해결에 대한 실천의지를 다시 한 번 점검하고 이에 대한 확신이 있다면, 이것만으로도 충분하다. 사회문제해결의 열쇠를 스스로 만드는 과정에서 이를 지속가능하게 하는 기업경영상의 모든 문제 역시 해결해 낼 수 있다는 신념과 자신감이 필요하다. 이러한 사회적기업가정신으로 무장된 사회적기업가들에 의해 운영되는 조직이 바로 사회적기업인 것이다.

그렇다! 연어들의 삶의 궤적은 마치 사회문제해결을 위해 자신을 내던지는 사회적기업가들의 삶과 무척이나 흡사해 보인다. 송어들처럼 현실에 안주해서 편히 살면 될 것을, 이를 거부하고 연어들과 같이 사회문제해결이라는 바다에 뛰어들어 고단한 삶을 선택하여 살다가 유명한 노래 제목처럼 다시 '거꾸로 강을 거슬러 오르는' 것이다. 여기에는 긴 말이 필요 없다. 이 노래의 노랫말을 한번 읽어 보시라! 현재 사회적기업을 운영 중인 사회적기업가들 그리고 사회적기업에 도전하려는 분들에게 힘든 여정에 대한 약간의 위로와 응원이 될 수 있으리라….

〈 거꾸로 강을 거슬러 오르는 저 힘찬 연어들처럼 〉

/ 강산에

흐르는 강물을 거꾸로 거슬러 오르는 연어들의 도무지 알 수 없는 그들만의 신비한 이유처럼 그 언제서부터인가 걸어, 걸어, 걸어오는 이 길 앞으로 얼마나 더 많이 가야만 하는지

여러 갈래길 중 만약에 이 길이 내가 걸어가고 있는 돌아서 갈 수 밖에 없는 꼬부라진 길일지라도 딱딱해지는 발바닥 걸어, 걸어, 걸어가다 보면 저 넓은 꽃밭에 누워서 난 쉴 수 있겠지

여러 갈래길 중 만약에 이 길이 내가 걸어가고 있는 막막한 어둠으로 별빛조차 없는 길일지라도 포기할 순 없는 거야 걸어, 걸어, 걸어가다 보면 뜨겁게 날 위해 부서진 햇살을 보겠지

그래도 나에겐 너무나도 많은 축복이라는 걸 알아 수없이 많은 걸어가야 할 내 앞길이 있지 않나 그래 다시 가다 보면 걸어, 걸어, 걸어가다 보면 어느 날 그 모든 일들을 감사해 하겠지

보이지도 않는 끝… 지친 어깨 떨구고 한숨짓는 그대 두려워 말아요, 거꾸로 강을 거슬러 오르는 저 힘찬 연어들처럼 걸어가다 보면, 걸어가다 보면, 걸어가다 보면….

사회문제해결을 위한 끊임없는 도전

지금의 사회적기업이라는 용어가 사용되기 이전에도 사회문제를 혁신적으로 해결하면서 사회변화를 주도해온 사람들은 존재해 왔다. 개인, 교육자, 성직자, 정치인, 기업인 등 사회 곳곳 자신의 삶의 현장에서 이를 실천해온 사회혁신가들이다. 크던 작던 사회적 결핍에 맞서 이를 해결하고자 했던 이들의 끊임없는 도전이 있었기에 우리사회는 진보해 왔다.

이제, 이들 중에서 평범한 인생을 거부하고 마치 연어와 같이 사회문제해결이라는 바다에 자신의 삶 전체를 던진 두 사람을 소개하고자 한다. 오래된 인물로서 '나이팅게일'과 현대적 인물인 '유누스'이다. 이들도 나름 유명한 사람들이지만, 이들의 알려진 명성에 비해 진면목을 아는 사람은 많지 않다.

플로렌스 나이팅게일_Florence Nightingale은 성스럽고 희생적인 여성, 고통 받는 사람들을 구원하기 위해 안락한 삶의 즐거움을 내던진 가냘픈 처녀, 전쟁터에서 죽어가는 병사를 돌보던 백의의 천사로만 알려져 있다. 그러나 그녀는 현대 간호학의 창시자이며 군 의료 개혁의 선구자로서 인류 역사상 최초로 간호학교와 여성의과대학을 설립한 뛰어난 행정가였다고 한다. 지금의 시각으로 보면 당연한 상식이지만, 당시에는 철저한 위생 관리, 충분한 영양 공급, 정서적인 안정 등을 강조하는 것이 사회의 통념에 벗어나는 것이었다. 당시 사회의 통념을 깨고자 했던 그녀는, 백의의 천사라는 이미지와는 달리 사회운동가였으며, 개혁자였던 것이다. 우리는 나이팅게일을 의료분야에서 영국뿐만 아니라 전 세계적인 사회문제를 해결한 사회혁신가로 기억해야 한다. 오늘날 간호사 없는 병원을 상상할 수 있겠는가?

무하마드 유누스_Muhammad Yunus는 미국 미들테네시주립 대학교에서 경제학과 조교수로 재직하던 중 1972년 그의 조국 방글라데시로 귀국하여 국민 대부분이 빈곤에 시달리는 현실에 고뇌하다가, 1973년부터 이를 해결하고자 빈민들에게 담보 없이 소액을 빌려주는 대부사업을 구상하고, 1976년에는 본격적으로 빈민들의 소액대출을 위한 '그라민은행 프로젝트_Grameen Bank Project'에 착수하였다. 이후 유누스는 빈민층의 빈곤퇴치를 위한 무담보 소액대출 제도인 마이크로크레디트_micro credit를 방글라데시뿐만 아니라 전 세계적으로 확산시켰고, 이러한 공을 인정받아 2006년에는 노벨평화상을 수상하기도 하였다. 유누스가 세계적인 사회적기업가로 성공하게 된 것은 그라민뱅크의 빈곤층을 위한 '소액 대출_microcredit' 프로그램이었다. 또한 이것의 성공을 가능하게 했던 '자영최소기업_micro enterprise'이라는 소액대출자들을 위한 자립프로그램이 있었다. 이것이 무려 98%를 상회하는 경이적인 대출상환율의 숨은 주역이며, 방글라데시 빈곤층 1000만명 이상을 절대빈곤에서 탈출시킨 유누스만의 핵심 솔루션이다. 저소득층을 대상으로 상상하기 힘든 98%를 상회하는 대출상환율이 어떻게 가능하였겠는가? 우리는 이것에 주목해야 한다!

나이팅게일과 유누스는 사회문제해결을 통해 '지역과 시대를 초월한', '광범위한', '혁신적인', '실질적인' 사회변화를 만들어낸 대표적인 사회혁신가로서 사회적가업가의 원조라 불려도 손색이 없는 인물들이다. 나이팅게일은 의료산업의 결핍을 인식하였고, 유누스는 방글라데시 절대빈곤층들의 결핍을 인식하였다. 이러한 '사회적 결핍'에 대한 인식은 그들이 큰 성과를 내게 한 출발점이었다. 여기에서 중요한 것은, 이들이 주목한 것은 '사회현상'이 아니고 '해결하고자 하는 사회문제의 본질'로서 '사회적 결핍'을 해결하기 위한 강력한 '솔루션'이었다. 이들의 성공과 명성 뒤에는 무모해 보일정도로 힘들고 끊임없는 도전이 있었다. 기존의 사회구조와 질서를 부정하고 대항하는 과정에서 사회적 결핍을 찾아 실패의 위험을 감수하며 기어이 이를 해결하여 사회변화를 만들어 낸 것이다. 우리는 이들의 이러한 도전에서 사회적기업가정신을 엿볼 수 있다.

사회적 동기… 그리고 소셜 리더십

종종 '사회적기업가정신'을 경영학에 뿌리를 둔 '기업가정신'에서 파생된 개념이라고 말하는 사람들이 있는데, 이는 말도 안 되는 소리이고, 필자는 여기에 전혀 동의하지 않는다. '사회적기업가'와 '기업가'가 다른 개념이듯이, 이들 간에는 분명한 차이가 있다. 경제적 동기에 변화나 혁신과 같은 가치들이 결합되어 있는 '기업가정신'과 사회적 동기에서 출발된 '사회적기업가정신'은 본질적으로 완전히 다른 개념인 것이다. 이러한 맥락에서 '기업가정신'의 최고봉으로 칭송되는 빌 게이츠나 스티브 잡스 같은 사람들을 '사회적기업가'라고 할 수는 없지 않은가?

사회적기업가들에게는 경제적 동기가 아닌 사회적 동기에 따른 새로운 리더십으로서 소셜 리더십이 요구된다. 사회적기업가정신은 사회적기업가의 사회문제해결에 대한 진정성과 열정, 혁신성, 창의성 그리고 이에 대한 실천철학과 리더십 등 '사회적 동기'를 본질로 한다. 이러한 소셜 리더십에서 사회적기업은 일반기업은 물론이고 같은 사회적경제조직인 협동조합과도 구분된다. 이렇듯, 사회적기업은 사회적 동기에 따른 스스로의 정체성을 만들어야 한다. 사회문제해결과 관련하여 사회적기업가 자신과 자신이 속한 조직을 다른 조직과 구분하게 하는 소셜 리더십은 사회적기업가정신으로 발현된다. 이것이 실질적인 사회적 성과를 만드는 원동력이고, 사회적기업의 본질적인 경쟁력이다. 또한 이것이 일반기업과 '다른 존재'로서 차별성을 만들고, 조직구성원들을 하나로 결속시켜 문제해결을 위한 연대와 협동을 이끌어 낸다. 이러한 과정에서 사회적기업가정신은 사회적기업가 자신과 사회적기업의 참여자 즉, 조직구성원에게 사회문제의 본질을 알게 하고 솔루션에 참여시켜 이를 통해 실질적인 사회문제해결의 국면으로 인도하게 되는 것이다.

사회적기업가정신은 '사회적 결핍'을 인식하는 것을 넘어서서 '사회적 결핍'을 해결하기 위한 방법을 찾고 이를 실천하도록 한다. 실질적인 사회적기업의 가치는 솔루션을 통한 사회문제 해결이라는 사회적 성과에 있다. 사회적기업은 사회문제해결에 따른 사회적 성과로 평가받기 때문에, 결국 솔루션이 사회적기업의 가치와 성공을 결정하게 된다. 사회적기업가정신은 소셜 미션으로서 사회적 결핍을 해결하기 위한 실질적인 솔루션을 찾고 스스로 만들게 하며 이를 더욱 강력하게 한다. 솔루션을 자체적으로 개선하고 혁신하게 하며, 또 다른 외부 솔루션과 결합시켜 연대와 협동을 통해 더 강력한 솔루션으로 진화시키는 것이다.

보다 광범위하고 본질적인 사회의 변화는 어느 한 부분의 개선이나 혁신으로 이루어지기 힘들다. 다양한 솔루션들이 작동되어야 하고 또 융합되어야 하는 이유이다. 융합솔루션은 보다 강력한 힘으로 더 큰 사회적 효용을 만들어 낸다. 이 과정에서 사회적기업가정신은 사회적기업가 자신과 참여자들에게 창조적인 영감을 준다. 평범한 사람들을 모아 비범한 사회적 성과를 만들어내는 마법과 같은 역할을 하는 것이다. 그리고 더 큰 사회적 효용을 만들어 내도록 솔루션이 더욱 강력하게 작동하게 한다.

한편, 사회적기업가정신은 사회적기업가 자신을 포함하여 참여자들과 조직을 구성하고, 사회구성원 전체의 참여를 목표로 하는 보다 광범위한 사회의 변화를 주도하게 한다. '사회적 결핍'을 해결하기 위해 사회적기업가 스스로를 움직이게 하고 내부 참여자, 외부참여자, 솔루션공급자, 비용지불자(소비자), 후원자, 수혜자 등 사회구성원들을 참여시켜 이들을 사회문제해결의 국면으로 결속시키는 것이다. 소셜 리더십은 사회적기업가 자신을 포함하여 사회변화를 위한 사회전체의 연대와 협동이라는 운동의 확장성을 만들어 낸다. 이러한 사회적 확장성이 소셜 리더십의 본질이다.

이렇듯, '소셜 리더십'으로서 사회적기업가정신은 사회문제해결에 참여하는 이들의 사회변화에 대한 열망을 이끌어내고 담아내는 큰 그릇과 같은 역할을 한다. 사회적기업정신은 '사회적 결핍'을 더 많은 사회구성원들에게 인식시키고, 직접 문제해결에 참여시키는 단초를 제공하여, 더 나아가 '사회적 결핍'을 해결하는 중심에 이에 동의하는 사회구성원들을 지속적으로 결속시켜 결국 사회전체의 보다 광범위한 변화를 이끌어 내는 것이다.

만일 독자 여러분이 사업가라면 사업을 잘 할 수는 있어도 경영자보다 경영을 잘 할 수는 없다. 또 여러분이 경영자라도 리더가 되지 못하면 사람과 조직 그리고 사회와 세상을 이끌어 갈 수는 없다. 그리고 리더가 되더라도 세상을 변화시키고 이롭게 하지 못한다면 존경받는 리더는 될 수는 없다. 사회적기업가는 먼저 소셜 리더십으로 무장하고, 명예와 품격 그리고 실력으로 존경받는 리더가 되어야 한다.

사회적기업가정신에 대한 스스로의 정의

원래 '사회적기업가정신'이나 '사회적기업', '사회적기업가' 등의 개념들은 원론적으로 정의될 수는 있겠지만, 이러한 원론적인 정의보다는 사회적기업이 처한 상황, 단계, 지역, 주요 이해관계자 등 다양한 요인들을 고려되어 상황에 따른 각각 스스로의 정의가 필요하고, 또 이것이 보다 유의미하다. 이 과정에서 자연스럽게 각자의 특성에 따른 '사회적기업', '사회적기업가'에 대한 정의도 내려지게 된다. 예를 들어 자신의 리더십이나 실천적 가치 등을 '사회적기업가정신'으로 정의하면, 이것이 구체화 되어 '사회적기업가' 자신 스스로를 규정하게 되고, 자신이 운영하는 조직인 '사회적기업'을 더욱 실질적으로 정의할 수 있게 되는 것이다. 이것이 보다 현장 중심적이며, 개별 기업의 상황에 따른 실질적인 정의를 이끌어 내는데 유용하다.

이런 의미에서 '사회적기업'의 경영자가 '사회적기업가'인 것이 아니고, 이들 '사회적기업가'가 운영하는 조직이 '사회적기업'라고 해야 한다. 사회적기업가는 그가 가진 사회문제해결에 대한 진정성과 열정, 혁신성, 역동성 등을 통해 특징지어진다. 사회적기업가는 '새로운 패러다임의 기업운영방식'을 통해 진정성과 열정을 가지고 사회적 가치를 창출하며 지속가능한 혁신적인 기업 경영을 통해 역동적으로 사회변화를 주도하는 사람들이다. 이들이 사회적 목적을 가지고 설립, 운영하며 사회적 가치

를 추구하는 조직이 사회적기업인 것이다. 이렇듯, '사회적기업
가'를 통해 '사회적기업'은 정의된다.

'사회적기업', '사회적기업가', '사회적기업가정신'은 매우 밀접
하게 연결되어 있는 개념들로서 이에 대한 보다 일관된 정의를
스스로 내릴 필요가 있다. 여기에서 '사회적기업', '사회적기업
가', '사회적기업가정신'의 순서가 중요한 것은 아니지만, 보다
구체적이고 실질적인 개념 정의를 위해서 어떤 것을 먼저 정의
할 것인가, 또 어디에 무게 중심을 둘 것인가 등을 고민해 볼
필요는 있다. 물론 이것도 각자의 특성을 고려해서 정해야 될
문제이다.

/ 나는 어떤 '사회적기업'을 운영하고 있는가?
/ 나는 어떤 '사회적기업가'인가?
/ 나는 어떤 '사회적기업가정신'으로 무장되어 있는가?

이제 이 책을 거의 다 읽어 가는 독자들이라면 '사회적기업',
'사회적기업가', '사회적기업가정신'에 대해 각자 나만의 정의를
스스로 내릴 수 있어야 한다. 이를 시도해 보기 바란다. 이를
통해 사회적기업가 자신과 더불어 자신이 운영하는 사회적기업
이라는 조직을 다시 점검하고 현재 자신의 위치를 파악하여 끊
임없이 더 나은 상황으로 나아가도록 자신을 스스로 인도하는
것이다. 그리고 이것은 자신이 실현하고자 하는 사회적 가치를
스스로 증명하는 과정이기도 하다.

시간의 경제

사회적기업은 사람, 관계, 환경, 지역 등을 중요시하고, 이들과의 상호작용을 통해 성장한다. 또 이러한 과정에서 과거의 경험과 가치들을 중요한 자산으로 하여 오늘을 만들고, 오늘을 기반으로 미래의 가치를 창조한다. 이렇듯 사회적기업이 다루는 가치와 중요한 자원들은 '돈'으로 사거나 만들 수 없는 '시간'이라는 역사성을 가지고 있다. 사회적 목적이라는 무형의 가치를 추구하는 사회적기업은 가장 '시간'에 민감한 경제조직이다.

사회적기업가는 사회적기업가정신으로 무장하고 위험을 극복하며 남들이 불가능하다고 생각했던 문제들을 해결하고 성취해내는 사람들이다. 사회문제를 해결한다는 것은 그것이 크던 작던 결코 만만한 일이 아니다. 가치있는 도전이지만 위험하고 어려운 도전이기도 하다. 그런데 사람의 가치와 관계의 파괴, 문화소외, 교육의 질 저하, 환경훼손 등과 같은 우리사회의 주요문제들은 절대 '돈'으로만 해결할 수 없는 것들이 대부분이며, 하루아침에 해결될 수 있는 것들이 결코 아니다. 이에 대한 해결을 위해서는 최소한의 '물리적인 시간'을 필요로 한다. 장기적인 관점이 필요한 것이다. 사회문제해결을 미션으로 하는 사회적경제를 '시간의 경제'이라고 하는 이유이다.

사회적기업가정신의 여러 가지 덕목 중에서 가장 기본이 되는 것은 사회적 목적에 대한 진정성과 열정이다. 여기에 실천적 가치가 결합되어야 하는 것이다. 사실 소셜 미션이라는 것은 진정성이 없다면 빛 좋은 개살구와 같은 것이다. 그리고 이에 대한 열정을 가지고 실천이 뒤따르지 않는다면 이 역시 '무늬만'이라는 평가를 벗어나기 힘들다. 이러한 진정성과 열정 그리고 실천적 가치와 같은 무형의 가치들은 이를 평가받기까지 역시 시간을 필요로 한다. 사회적기업은 진정성의 시간, 열정의 시간 그리고 실천의 시간을 통해 그 가치를 평가받는 조직인 것이다.

사회적 목적에 대한 진정성과 열정, 혁신성과 역동성 등 사회문제해결에 대한 실천가치는 사회적기업가정신을 구성하는 가장 중요한 밑바탕이다. 사회적 목적에 실천적 가치가 결합될 때 사회문제를 해결하는 과정에서 내부 참여자와 외부 참여자들이 연대와 협동으로 강하게 결속하기 시작한다. 알지 못했고 생각지 못했던 조력자들이 나타나고 이들의 협력으로 자원 연계, 솔루션 공급, 후원 등이 연결된다. 또한 이 과정에서 사회적 가치에 비용을 지불하는 소비자들이 생겨나고 시장이 확장되기 시작한다. 아직 우리사회에는 우리를 지지하고 우리의 활동에 동참하려는 사회적소비자들이 꽤 많이 잠재하고 있다는 것을 확인하게 될 것이다. 각 단계별로 이들을 깨워내는 것도 사회적기업가들에게는 중요한 사명이다.

사회적기업가들이 주도하게 될 사회변화에는 필연적으로 사회적기업에 고용되어 일하는 내부 참여자, 다양한 솔루션을 공급하는 외부 참여자, 비용을 지불하는 구매자로서 소비자, 수혜자, 후원자 등 광범위한 사람들의 참여를 수반하게 된다. 또 이것이 절대적으로 필요하다. 사회적기업가들은 이들과 소통하고, 이들을 조직화하며, 이들의 활동을 통해 사회변화의 큰 물줄기를 만들어내야 한다. 사회문제해결에 도전하고 사회적 성과를 만들어 내며 이에 자극받은 또 다른 참여자들을 규합하여 다시 더 해결하기 힘든 사회문제에 도전하도록 하는 선순환을 만들어내는 것이다. 여기에서 경영안정, 판로개척, 시장경쟁력 확보 등 사회적기업이 당면한 현실적 문제들에 대한 해결의 열쇠 또한 찾아야 한다. 그리고 사회문제해결에 대한 지속가능성을 만들고 궁극적으로 사회변화를 이끌어내는 것이다.

인간의 생명이 유한하듯 기업의 생명도 유한하다고 한다. 흥하기도 하고 망하기도 하고… 그러나 우리사회의 크고 작은 사회문제들이 완전히 사라지지 않은 한… 사회문제해결을 위한 사회적기업의 시계는 멈추지 않아야 한다. 사회적기업의 지속가능성은 사회적기업가정신에서 비롯된다. 사회적기업가들은 지속가능한 사회적 성과를 만들어야 하며, 또 이러한 사회적 성과가 만드는 소셜 임팩트를 통해 그들의 사회적기업가정신을 스스로 증명해야하는 존재인 것이다.

Progress : 더 나은 세상을 위하여

세상은 빠르고 광범위하게 변화하고 있다고 한다. 그런데 세상의 변화에 나도 변화하고 있는가? 10년 전의 '나'와 오늘의 '나'를 비교해 보자. 뭔가 편리하고 유용한 것들이 여러 가지 생겨나서 좀 나아진 것 같긴 한데… 생각하는 방식, 살아가는 방식, 일하는 방식 등에서 무엇이 바뀌었는지… 아직도 하루 세끼에 메뉴도 거의 같고, 6~7시간은 자야 되고, 여전히 혼잡한 서울 시내를 운전하고 다니며, 10년 전이나 똑같은 방식으로 사람들을 만나고 일을 하고 있지는 않은가? 너무 변화에 무딘지는 모르겠지만, 필자를 포함해서 사실 대부분의 사람들은 무엇이 그리 바뀌었는지 잘 알지 못하며 살아가고 있는 듯하다. 소시민으로서 개인들의 삶은 그대로인데 세상만 바뀌고 있는 것은 아닐까?

우리들은 변화의 중심에서 빗겨나 변화의 주변에서 머물며 최소한의 삶의 영역에서 간신히 변화에 적응하며 살고 있다. 변화의 노예처럼…

세상의 변화가 숙명이라면 무엇보다 변화를 제대로 다룰 수 있어야 한다. 그리고 세상의 변화들이 우리에게 꼭 필요한 것인지 또 우리를 얼마나 바꾸고 있는지 사회변화의 내용들을 잘 살펴보아야 한다. 이러한 변화가 개인과 사회에 항상 긍정적인 결과를 가져오지는 않기 때문이다. 사회변화로 인한 환경 문제, 초고령화 문제, 새로운 범죄들, 인간 상실, 자본중심으로 극도의 부의 편중… 광범위한 사회변화의 한편에서는 더 해결하기 힘든 새로운 사회문제들을 더 많이 쏟아내고 있다. 지금은 사회적 결핍이 사회전반에서 동시다발적으로 심화되고 있는 시기인 것이다. 이것은 사회적기업의 역할이 그 어느 때보다 요구되는 시기라는 것을 방증한다. 지금은 이제까지 없었던 새로운 인식과 방식으로 문제를 해결하는 능력 그리고 변화를 주도하는 능력으로서 사회적기업가정신이 그 어느 때보다 요구되고 있다. 사회적기업가들은 긍정적인 사회변화를 이끌어 내기 위해 현재와 타협하지 않고 우리에게 요구되는 것이 무엇인지 제대로 파악하여 이에 대한 실질적인 문제해결을 주도해야 한다. 이러한 사회적기업의 역할은 향후 더욱 확대 될 것이다.

한국에서 사회적기업은 10년의 역사를 가지게 되었다, 최근까지 수많은 사회적기업들이 출현해서 다양한 소셜 미션들을 홍수처럼 쏟아내며 활동하고 있지만, 아직은 주목할 만한 성공모델을 찾아보기란 매우 힘들다. 좋은 소셜 미션, 진정성, 열정 등도 필요하고 중요하지만 무엇보다도 이것을 뒷받침할 강력한 솔루션이 있어야 하고, 이를 통해 주목할 만한 사회적 성과를 실질적으로 만들어 낼 수 있는 사회적기업의 출현이 절실하다. 보다 많은 사회적기업의 성공모델들이 나오기 위해서는 이에 걸맞은 사회적기업가정신을 가진 사회적기업가들의 출현이 반드시 동반되어야 한다.

필자는 자본형 기업들과의 차별화가 사회적기업의 경쟁력이 된다는 것을 그동안의 누누이 강조해 왔다. 소위 사회적기업 간판을 걸고 주식회사 방식으로 운영되는 짝퉁 사회적기업으로는 정면돌파가 힘들다. 그래서 그동안 사회적기업가들에게 사회문제해결이라는 본질적 역할을 강조해왔다. 적어도 이것이 사업모델이나 판로개척과 같은 성과중심의 기업경영보다 사회적기업의 성장에 훨씬 더 효과적이었다. 우리사회에서 사회적기업은 사회문제해결의 전문가그룹으로 거듭나야 하고 이렇게 인식되고 자리매김해야 한다. 자본형 기업들과의 차별화를 통해 이들과 달리하는 '소셜 비즈니스'라는 독자적 영역을 개척하고, 이를 통해 새로운 한국형 사회적기업의 성공모델을 창조해야 된다.

자본형 경제와의 차별화는 자본형 경제와의 경쟁이나 싸움이 아니다. 자본주의에 의식화된 우리 스스로와의 싸움이다.

이제 변화를 시작하자. 더 나은 세상을 위하여…

에필로그 : **결핍의 시대, 사회적기업이 희망이다!**

지난 30년간 자본주의는 이념시대의 종식, 신자유주의의 확산과 함께, 이 시대를 소위 '자본이 지배하는 시대'로 표현해도 큰 무리가 없을 정도로 크게 활성화 되었다. 반면, 이 시기에 인간성상실, 경제양극화, 환경파괴, 공동체의식의 실종 등 자본주의의 주인이어야 할 인간은 철저히 소외되는 심각한 사회문제들이 발생되었다. 이제 자본주의가 과연 우리 인간에게 바람직하고 이상적인 경제체제인가라는 다소 심각한 질문이 필요한 상황이 되었다. 더구나 심각한 것은 사회공헌, 경제민주화, 기업의 사회적 책임 등의 구호에도 불구하고, 자본주의가 지금의 모습이 되기까지 양산한 사회문제들을 자본주의 스스로 해결하지 못하고 있는 현 상황이다. 우리는 자본주의라는 거대한 사회적 결핍 앞에 직면해 있다.

마이클 무어 감독의 2009년 다큐멘터리 '자본주의 : 러브스토리 _Capitalism : A love story'라는 영화는 자본주의경제의 문제를 적나라하게 보여준다. 무어는 이 영화를 통해 자본주의를 인류 최대의 '악' 이라고 규정하고 미국의 실제 사례를 통해 이를 고발하고 있다. 이를 통해 미국의 자본권력(특히 금융), 정치권력 그리고 관료들의 추잡한 카르텔이 서민과 저소득층의 피를 빨아먹는 미국 자본주의의 적나라한 치부를 생생하게 보여준다. 그는 한걸음 더 나아가 미국조차 1%가 99%를 지배하는 극단적 양극화가 심화된 나라로 묘사한다. 1%의 사악한 카르텔이 미국뿐만 아니라 전 세계적으로 벌이는 엽기행각은 상당한 충격과 문제의식을 갖게 해 주기에 충분하다. 안타깝지만… 우리 국내 상황도 이와 크게 다르지 않다!

한편, 이 영화에서 필자가 크게 주목하였던 것은 2008년 리먼 브라더스 사태 이후 미국 자본주의에 대한 미국 민중들의 저항과 그 성과 그리고 실제적 대안으로서 미국형 사회적경제에 대한 발견과 새로운 시도들이었다. 이 영화에서는 미국 위스콘신주의 이스무스 일렉트릭의 사례를 통해 스톡옵션 같은 형식적 제도가 아닌 실제적, 전면적 노동자소유기업을 소개하고 있다. 그밖에 미국 각지에서 벌어지는 사회적경제 관련 생생한 사례들은 보너스이다. 실제 미국 사회적경제는 기업형 협동조합과 혁신적 사회적기업들이 양대 축으로 이끌어 가고 있다. 가장 자본주의가 발달된 미국에서 사회적경제가 주목받고 있는 것이 참 아이러니하다.

자연환경에서는 시간의 흐름이 사계라는 계절을 만들고 생태계가 순환되도록 작동한다. 이것이 문자 그대로 '자연스러움'이다. 자본주의경제는 '자연스러움'을 거부한다. 거대한 댐을 쌓아 자연의 흐름을 막는 것이 대표적이다. 자본형 기업들은 속도를 강조하여 높낮이를 만들고 길고 짧음 그리고 더 나은 것과 그렇지 못한 것을 구분한다. 이것을 통해 시장기회를 만들고 가짜 '필요'를 끊임없이 만들어 왔다. 시험과 평가를 통해 우열을 가리고 사람과 노동의 가치를 자본의 가치를 위해 희생시켜 왔다. 그래야 더 큰 자본의 확대를 만들 수 있기 때문이다. 그래야 '돈'이 된다는 것이다. 심지어 전쟁과 같은 극단적인 파괴를 통해서 시장을 만들기도 한다. 이러한 인위적인 파괴를 통해 새로운 건설수요, 군수수요, 생필품수요 등 인류가 원치 않는 가짜 '필요'를 만들어 자본의 영향력 확대하고 또 '돈'을 벌어들인다.

필자가 자본주의의 폐해를 강조하는 것은 자본주의를 부정하기 위해서가 아니고, 자본주의가 만든 문제들도 사회적기업이 해결해야 할 중요한 사회문제라는 인식 때문이다. 우리사회에 수많은 사회문제가 존재하는 만큼, 이를 해결하기 위한 사회구성 주체들의 다양한 노력들도 진행되고 있다. 그렇지만 사회 문제를 해결하고자 하는 노력이 양적으로나 질적으로 확대된다고 해서 이러한 노력들이 항상 결실로 맺어지는 것은 아니다. 아직 문제해결을 위한 보다 효과적인 방법에 대한 논의나 현실적인 대안들은 여전히 충분하지 못한 것이 부인할 수 없는 현실이다. 사회적 협력을 방해하는 눈에 보이지 않는 장벽은 여전히 존재하고, 자본주의경제에서 확대된 공동의 이익을 추구하기에는 아직 역부족이다. 이를 위해서는 보다 본질적인 접근이 필요하다.

필자가 주목하는 것은 현실적인 대안으로서 사회적기업의 역할과 가능성이다. 사회적기업은 자본주의가 야기한 각종 사회적,

환경적, 문화적, 경제적 문제 모두를 해결할 수는 없겠지만, 상당한 영역에서 유용한 대안으로서 이를 직접 현실적으로 실천해 낼 수 있다는 측면에서 일단 필자의 생각은 매우 긍정적이다.

그렇다! '자본주의라는 거대한 결핍'을 해결할 수 있는 '유용한' 대안은 '사회적기업'이다. 아니 '유일한' 대안일지도 모른다. 사회적기업이 더 나은 세상을 만들어 나가기 위해 만들어낼 수 있는 영향력은 상상 그 이상이다. 사회적기업은 기존의 문제해결방식들을 통합하여 가장 근본적인 사회문제로서 '사회적 결핍'에 대한 가장 본질적인 해결방법을 제시할 수 있다. 이를 통해 사회구성원들을 통합하고 이들의 진정한 변화를 통해 사회변화에 이르게 하는 가장 효과적인 대안이 될 수 있는 것이다. 사회적기업은… 대기업 독과점의 고착화된 산업구조, 프랜차이즈 산업의 폐해, 경제 양극화 등을 해소할 수 있다. 사람중심의 조직문화를 확산하며, 의사결정구조에 노동자, 지역공동체, 거래처, 소비자 등 이해관계자가 참여시켜 민주적 운영이 가능하다. 또한 사회적 목적에 재투자를 위한 배당제한을 통해 자본주의경제의 사적소유에 따른 문제를 완화시킨다. 실제 많은 사회적기업은 이러한 특별한 사회적 목적을 추구하면서 사회변화를 주도하고 있다.

사회적경제는 속도가 아닌 시간을 중요시 한다. 그래서 사람들이 놓치고 있었던 '결핍'을 발견해서 이것을 서로 알게 하고 함께 해결해 간다. 사람의 가치에 주목하는 사회로의 변화! 이것이 진정한 혁신이고 진보이다. 모든 사회구성주체들의 추구하는 가치가 시간의 나이테라는 둘레를 만들고 더 나은 사회를 위한 연대와 협동을 만들어 진정한 사회변화에 이르게 하도록 우리사회에서 사회적기업의 시간을 만들어야 한다.

사회적기업들이 우리경제체제의 한 축을 담당하는 구성요소로서 존재의 가치를 나타내기 위해서는… 자본주의경제에 순응하기보다는 사회적기업의 가치와 특성에 기반을 둔 독자적 방식을 통한 정면 돌파가 필요하다. 대안경제의 위상을 뛰어넘어 당연경제로서 확실한 자리매김이 필요한 것이다. 사회적기업은 현재에 안주하지 말고, 시대적 요구와 변화에 부응하며 자본형 기업들과의 차별화를 통해 성장하고 진화해야 한다. 변화의 주체가 되어 '사회적기업의 시대'를 만들어야 하는 것이다. 사회혁신가로서 사회적기업가는 이것을 꿈꾸고 도전하는 위대한 기업가들이다.

결핍의 시대, 사회적기업이 희망이다!

변화 연대 혁신의 아이콘

사회적기업

초판발행 2018년 5월 14일

지은이 전진용 · 손영훈
펴낸곳 ㈜이화문화출판사
주소 서울시 종로구 사직로 10길 17, 인왕빌딩
전화 02-732-7091~3 (구입문의)
팩스 02-738-5153
홈페이지 www.makebook.net
등록 제 300-2015-92호
ISBN 979-11-5547-328-3 03330

값 15,000원